劉必榮教你國際觀

International Outlook

7大框架看世界

劉必榮──著

明白

目錄

PART 2

第二個框架　趨勢

導讀
國際局勢這麼亂，我該怎麼看？

川普現象與兩個棋盤

二〇二五年川普二度入主白宮，在國際上再次掀起驚濤駭浪，從美國國內體制到國際政經情勢，所有我們習慣的秩序，都因川普再次上台而經歷破壞與重建的劇烈變化。猶記二〇一七年川普第一次上台，不合群的行為遭到國際訕笑，西方媒體說川普上台後的橫衝直撞，正應驗了那句成語「像牛進了瓷器店」（like a bull in a china shop），但是媒體也提醒川普，打破了是要賠的。

如果川普只當選一任，以後歷史說到這段也許會說「川普之亂」，但是川普居然再次當選了。這就不是川普之亂，而是「川普現象」。該怎麼解讀美國社會到底發生了什麼變化，才會再次選出不按牌理出牌的川普？細究之下會發現，不是川普在大選中攪動了民粹的興起，而是民粹興起的浪潮，把川普送進了白宮。川普只是很準確地抓到這個趨勢，御風而行。

川普上台後，立刻掀起貿易戰的序幕，宣布要對加拿大與墨西哥加徵二五％的關稅，對中國加徵一〇％的關稅。而且這還只是第一波，後續連歐盟都是被制裁的對象。於是我們發現，川普的貿易戰是砲火四射，而且不分敵我。

這些發展讓我們看得眼花撩亂，也讓我們感到焦慮，希望能從中理出一個觀察的頭緒。因為貿易戰一打，台灣根本不可能倖免。我們迫切需要一個解析國際政經情勢的框架，而且是人人都可以快速上手的思考框架，幫我們了解世界到底發生了什麼事。

當川普對盟國都展開貿易戰的時候，我們也會想到：他在國際政治上也是這樣嗎？在對付俄國和中國的時候，美國不是聯合歐洲與亞洲的盟國，或價值觀相近的國家，一起遏制俄、中兩國的擴張嗎？這些情誼難道不能阻止貿易戰的爆發嗎？加拿大跟美國不都是五眼聯盟成員嗎？美、加在分享情報的同時，還在進行貿易戰？

於是我們發現，國際政治與國際經濟，是兩個不同的棋盤，有著不同的規則與敵我關係。可能會交互影響，也可能是兩條平行線，一個棋盤上的合作，與另一個棋盤上的對抗，彼此並無違和。

美中關係與分隔的世界

美中關係也是我們關切的焦點，因為兩岸關係一直是鑲嵌在美中關係裡面。我們跟中國有多少迴旋空間，我們在國際上又有多少外交空間，都跟美中關係的發展息息相關。可是美國對中國的敵意，卻沒有因為政黨輪替而改變。

美中對抗的性質是什麼，連中國都要花一點時間解讀。二〇一八年美國對中國發起貿易戰，當時北京派了國務院副總理劉鶴前往美國談判。劉鶴當時準備了一些開放美國商品進口的清單，以為這可以滿足川普。誰知完全想錯，美中的對抗是全面性的、結構性的，而且涉及政治、軍事、經濟、科技等每一個層面。所以川普第一任任滿，民主黨拜登上台，美中對抗並未因為白宮換主人而有改變。

習近平初上任時，向美國總統歐巴馬提出「新型大國關係」的概念，表示太平洋夠大，容得下兩個強權。結果習近平做到第三任了，新型大國關係還是沒有辦法建立。

美國一直視中國為威脅，這由中國開發出 DeepSeek 之後，美國駭客立即對它發動攻擊就可看出。這種輸不起或沒有風度的表現，折射出美中關係的現實。在美中對抗下，原先我們以為是平的世界，現在發現它不是平的了，資金與科技的流動，處處都有限制。世界又慢慢被分隔成好幾塊，有中國標準的、美國標準的，讓我們必須花更多時間去適應，也讓對國際關係的解讀變得非常迫切。

國際觀的七個框架與超連結思考

我們急需一套解析國際關係的工具（不是工具書），讓我們可以看清國際情勢發展的脈絡。這也是我寫這本書的目的。

寫關於國際關係的書有兩個困境，一是不能和現實貼太近。貼太近的書，大概只有一年的壽命，因為國際情勢變化太快，也太難預測了。以敘利亞情勢為例，誰算得到阿塞德父子在敘利亞花五十年建立的家業，短短十二天就被反抗軍推翻？他們能禁得起十幾年內戰，為什麼會一下子兵敗如山倒？可能連他們自己都沒想到。

我也不會在書裡面放很多圖表，因為一旦放了圖表或統計數字，就要年年更新。讀者若真對數字有興趣，網路上隨手就可以查到。

二是不能和現實隔得太遠，太遠，就變成國際政治理論的介紹了。如果讀者不是國際關係這一行，讀起來又會太艱澀，從而對國際情勢望而卻步，這又背離我寫這本書的初衷。所以我一直努力在雅和俗中間尋求一個平衡點。

二〇〇八年我寫《國際觀的第一本書》時，就花了四年時間拿捏深淺之間的分寸。當時那本書的反應還不錯，雖然現在已經絕版，但書中提醒大家注意的現象，有些直到現在還可以得到印證。比如當時我說民族主義的興起，可能影響東亞的政治至少十年，如今十幾年過去，我們發現不只是東亞，民族主義已發展成為右派民粹，在世界各地遍地開花。

如今根據那本書的思路，我重新寫了這本《劉必榮教你國際觀》，解讀國際關係的七個框架。我在明白文化有兩本國際關係書，前一本是《劉必榮的國際關係課》，那是我觀察國際情勢的筆記。目的在為對國際情勢不熟的讀者，做一點打底的工作，讓你在往下繼續觀察國際情勢發展時，有一個基本的概念。

美國外交圈曾經流傳一個笑話：一位新任美國駐韓大使（美國的大使有一些是對選舉有功人士的酬庸，這位就是）一天很興奮地告訴幕僚：「我發現韓國居然有兩個！」幕僚回答：「是，報告大使，自從打過韓戰之後，韓國就是兩個了。」大使驚訝地說：「韓戰？什麼時候打的？我怎麼不知道？」

要觀察國際情勢，我們起碼要知道曾經有一場戰爭叫韓戰，這就是打底。我把觀察國際情勢的筆記出版，就是想讓剛剛開始觀察國際情勢的朋友，知道曾經打過韓戰。

這本書則是介紹一個框架，有深有淺。讀者可以選自己有興趣的面向切入。比如我列出「軼聞故事」也是一個框架，你如果還沒培養出對國際關係的興趣，可以先關注國際上的各種小故事，以及各國領袖間的小互動，這會幫你帶出一點興趣。

但是注意，既然是框架，你就可以在框架中填入不同的內容。比如在書中我提到可以觀察科技的趨勢，你現在可以在框架裡面填入「人工智慧」，但幾年後最夯的還會是ＡＩ嗎？如果不是，就填入那時最爆紅的科技，然後看它帶來的趨勢。

「框架不變，但裡面的內容可以與時俱進」，這是我在介紹框架時的重要叮嚀。希望這本書，能陪伴大家走過這風雲詭譎的時代。

緒論

基本觀念與七個框架

01 國際觀的基本概念

國際觀的啟蒙，像是打開了對國際事件敏感度的開關。一旦具備國際觀，還學得一套分析世界局勢的架構，便能對這些事件產生自己的觀點。

什麼是國際觀？

所謂國際觀，**就是知道世界發生什麼事，並對這些國際事件產生觀點的能力，而且還要在這些事件中找到自己的定位**。舉例來說，在觀察台灣的經濟成長時，要考量科技、產業、交通、軍事、天災和外交等因素所來帶的漣漪效應，將會對台灣經濟（包括個人、企業和國家的利益）產生什麼影響，而台灣需要具備哪些因應之道。簡而言之，就是，我們必須知道發生什麼事，以及因應於此而產生觀點的能力。

外語能力不能決定國際觀

國際觀與外語有沒有關係？一個人可能通曉多國語言，如英語、日語、法語、西班牙語，但是，這跟這個人是不是有國際觀沒有太直接的關係。儘管如此，具備外語能力的確更容易接觸與了解世界上其他國家的事情，包括其他地區的文化、思想、語言、傳說、宗教等等，進而理解他人的價值觀和世界觀。

舉例來說，在阿富汗戰爭期間，多數人都不懂當地的普什圖語，只能藉由英語或其他語言的資料嘗試多了解阿富汗。我們則是運用中文能力，在中文資料中找到一些相關的文獻，並自其中發現，阿富汗這個內陸國家的民間故事中，只出現山，從來不曾出現海洋。我們由此推知阿富汗人或大陸民族看待世界的方式。雖然**具備外語能力不等於擁有國際觀，但它能夠幫助一個人更廣泛地搜集資訊，更快地發展國際觀**。

國際觀不是水晶球，它是sense！

研究國際政治並不是教你觀察一顆水晶球，自其中預判未來，或預測世界將會發生什麼事。有多少人能預測到二〇一六年川普會當選美國總統？有多少人能推測到二〇一六年英國脫歐公投會通過？有誰能預測二〇二〇年會發生新冠疫情？更不要說有多少人預料到俄烏戰爭和以哈衝突的發生。國際上發生的事件往往是預料之外，包括專門研究國際政治的專家學者，也無法推測世界即將發生什麼事。

事實上，**觀察國際政治是敏感度的問題，是sense的問題**。如果你具備國際觀，有一套分析世界局勢的架構，一旦有意料之外的事件發生時，便能夠較快速地理出頭緒，悟出一些因應變化的想法和策略。

二〇一六年英國通過脫歐公投，接著是一段等待英國政府和國會完成脫歐程序的時期。這時，一位有國際觀的企業家會意識到，歐洲單一市場即將不再提供英國產品優惠，便會決定提前把留在英國的產業、工具和產品，暫時移送到一個歐盟國家的倉庫，比如荷蘭，繼而觀察局勢的變化，再決定下一步該怎麼走。

各國因應川普二進宮（即所謂川普2.0）所作的「防川普」（Trump proof）政策，也是一樣的道理。二〇二四年美國大選，川普勝出，雖然他二〇二五年一月二十日才就職，但大家都知道，川普就職後貿易戰必不可免。所以，世界各國在川普就任之前，就相互簽訂了許多兩兩雙邊的自由貿易協定。這用意是告訴美國，即使美國日後豎起關稅壁壘，阻止全球化的進程，但其他國家也可以在美國之外，建立自己的自由貿易體系。

有國際觀的人，不見得能準確預測哪件事會不會發生；但如果事情發生了，他腦海中那一套觀看世界動態的架構，可以讓他比競爭對手更快理出頭緒，推測後面可能的發展，及早作好準備。

02

宏觀面的框架：大局、趨勢與外交工具

世界地圖就是財富地圖，宏觀的國際框架，能幫助我們理解大局裡的衝突與大棋盤的互相影響，也能敏銳地理解國際事件，精準地判斷投資。

俗話說，外行人看熱鬧，內行人看門道。想要深入了解國際政治經濟動態，可以從七個框架切入，這七個國際觀的框架，分別是大局、趨勢、外交工具、決策過程、戰爭與和平、軼聞故事與整合思考。在這七個框架裡面，大局、趨勢和外交工具屬於宏觀面向；決策過程、戰爭與和平、軼聞故事和整合思考則是微觀面向。後文將針對這七個框架一一說明。

第一個框架：大局

(一)「局」的三個層次

什麼是「局」？簡單來說，局就是game，根據國家的實力和規模，再區分成多個層

圖 0-1　國際局勢上的層次

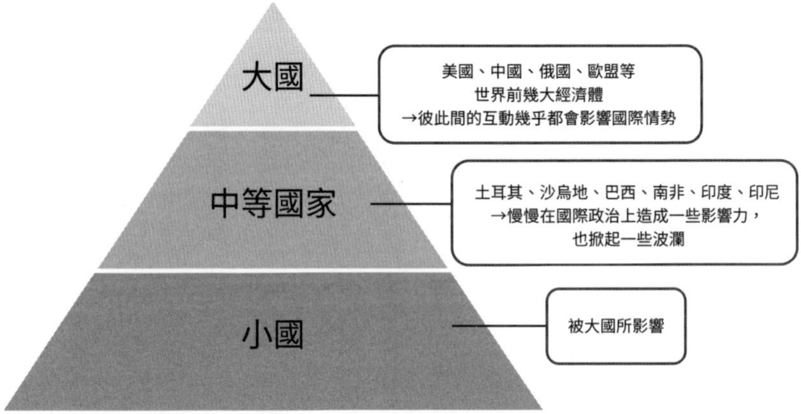
大國
美國、中國、俄國、歐盟等
世界前幾大經濟體
→彼此間的互動幾乎都會影響國際情勢
中等國家
土耳其、沙烏地、巴西、南非、印度、印尼
→慢慢在國際政治上造成一些影響力，
也掀起一些波瀾
小國
被大國所影響

次的觀察面向（圖0-1）。國際政治如果是一盤棋局，影響整個棋局的必然是大國之間的互動，我們先聚焦於世界大國的動向，例如美國、中國、俄羅斯、歐盟等，這些國家具備政治、經濟、人口和軍事的優勢，屬於**大國層次**。

當然，世界上還有許多中等國家，比如土耳其、沙烏地阿拉伯、巴西、南非、印度、印尼等，這幾個中等國家在國際政治上也有一些影響力，足夠掀起一些波瀾，從而產生了第二個層次：**中等國家層次**。緊接著，下一個層次是**小國層次**，台灣就是小國家庭成員之一。基本上，小國在國際政治中常常是被動的一方，可是，有時候小國的決策也會對大國構成影響，例如，兩岸關係，一直都是鑲嵌在美、中兩個世界強權的關係之中。台灣的前景不能光看兩岸，眼光應該放得更遠、更廣，看成美、中、台三邊關係，再思考台灣該怎麼做、如何於兩強之間生存。這就是大國和小國間的互動。

(二) 世界地圖是財富地圖

在「局」裡面布滿衝突點，台海、南海、東北亞、印度洋甚至北冰洋都存在衝突點。這當中，可區分成兩個棋盤——地緣政治與地緣經濟。我們常常講，**政治影響經濟**、**經濟影響政治**，這兩個棋盤往往會互相牽引，並非各自完全獨立。美國和中國的競合，牽涉到地緣政治和地緣經濟的角力。美國在印太地區的戰略，是地緣政治的一環，從西太平洋到印度洋包圍中國。而中國推出的「一帶一路」，則試圖建構以中國為核心的經濟秩序，透過一帶一路的經濟藍圖，在亞洲大陸尋找突破口。所以說，中、美關係，其實是地緣政治與地緣經濟的角力。

關於東南亞國家，台灣倡議的是「新南向政策」，中國談的是「海上絲綢之路」，美國提出的「印太戰略」也是瞄準東南亞，除此之外，俄羅斯、日本、韓國、印度、澳洲等國，也都有部署東南亞的計畫。大家聚焦在東南亞時，代表的不僅是政治跟軍事的因素，各國資本也流入東南亞，所以，東南亞變地緣政治和地緣經濟交會的地區。我們不禁要問，為什麼各國紛紛投注東南亞呢？答案是，因為**東南亞國家比較「年輕」**。人口年輕的國家，有低成本且具活力的勞動人口，比起台灣、中國，他們的生產力較高、成本較低；其次是，東南亞經濟仍持續發展，中產階級逐步成長，整個市場不斷擴大，世界各地的資金自然移向東南亞了。我們常說，**世界地圖是財富地圖，你要了解政治，也不能忽略經濟，此二者常相互牽引**。

反過來說，國際經濟崩盤也會影響不同國家的政治。二〇二一年爆發的緬甸軍事政變以及後續尚未止息的國內動盪，世界各國基於人道理由，紛紛對緬甸進行經濟制裁。如果你是一位投資者，看到一個國家的政治失序造成經濟崩潰，你是否自其中看到發展的機會？如果沒有好的機會，那你該如何規劃後續的撤資行動？如果，國家危機解除，經濟制裁陸續退場，原本的戰場馬上將轉變為商場，你最好能立刻開始思考，怎麼樣在緬甸進行投資。

(三) 因果關係

對一名投資者來說，若能對國際政治具有足夠的敏感度，便可以追到資金的流向，清楚接下來的投資計畫該怎麼做。地緣政治與地緣經濟的相互影響，就是開頭提到的大局互相牽引。

對局的相互牽引有概念之後，接下來就是理解**因果關係**。一件事情的發生，可能不只是一個原因，可能是很多的因相互交叉產生的結果。一個地區發生的事，可能影響到另一個地區，南非就是非常典型例子。過去，南非實施嚴格的種族隔離制度，白人與黑人之間的關係極度惡劣。黑人的非洲民族議會黨，得到羅馬尼亞獨裁者希奧塞古支持，與白人長期對抗。一九八九年東歐變天，羅馬尼亞共產政權垮台，白人主導的南非政府意識到局勢有變，認為此時正是跟黑人群體接觸的時機；而非洲民族議會黨則因失去後台，也正在重新摸索新的政治路線。於是，雙方具備對話的契機，從而奠定了釋放非洲民族英雄曼德拉，及解除南非種族隔離政策的條件。

東歐共黨政權垮台，催化了南非黑白的和解，從歐洲到非洲的兩個連動事件，也影響到國際資金的流動：東歐共黨垮台，鐵幕一下打開，國際資金湧入東歐，在排擠效應下，非洲黑人國家想要爭取的國際投資就必須另尋來源。剛好南非這時解除種族隔離，於是大家紛紛轉向南非。這些黑人國家過去只敢私下跟南非來往，現在南非既已改革，就可以公開往來了。南非被熱烈迎回國際社會，不再孤立，可是這卻影響到南非與台灣的關係。

原本南非和台灣都被國際社會孤立，所以雙方關係非常友好密切。但現在南非重返國際社會，需要聯合國的支持，聯合國在同一時間又剛好要選出第一位非洲出身的秘書長蓋里，這讓北京有了很好對南非施壓的著力點。多方因素的影響下，南非只有跟台灣斷交了。這就是一連串連動所引起的漣漪效應。所以才有學者主張，過去習稱的「國際政治」（international politics），應該改稱「全球政治」（global politics）才比較貼切。

(四) 累積而成的 sense

美國政治圈過去曾有一個笑話，是關於「外交官是專業出身，大使是政治酬庸」這句話的詮釋。那時有一位剛派駐韓國的美國大使，某天興匆匆地告訴使館人員，他現在才發現，原來世界上有兩個韓國。大使這番表現讓使館人員一陣尷尬。你看，就連外交官都如此不專業，更難強求一般人對國際政經局勢知之甚詳。

我曾經在公共電視台做政治評論節目，有一天，遇到隔壁家的老太太，她跟我說：「劉教授，看了你的節目才知道，原來巴基斯坦和巴勒斯坦是不同的國家啊！」我當時心想，在電視台做節目還不錯，能讓完全沒有國際關係概念的老人家，多認識一些基本的國際知識。

國際觀需要不斷地學習和累積，我們可以先把一幅世界地圖放到腦海中，先有基本的國際知識（至少知道世界上有兩個韓國，曉得巴基斯坦和巴勒斯坦是不同國家），再慢慢地建構觀察與分析的框架。每當看到一則國際新聞，自然就聯想到國與國的布局，及其聯動所製造出來的影響有哪些。

（五）外交新聞與國際新聞之別

外交新聞與國際新聞是不一樣的。國際新聞觸碰的範圍非常廣闊，可以涉及一國的近期發展概況、與鄰國關係如何、當前面對哪些內外部困境等等。而非局限在「總統、副總統出訪加深貴我兩國實質關係」之類的浮面報導而已。

第二個框架：趨勢

（一）大的趨勢

趨勢有大小之分，科技趨勢、人口老化、世代變遷、投資流向等，這些是大的國際趨勢。而大趨勢中，又有各種延伸出來的熱門議題，比方說，在當今科技大趨勢之中，許多人談論的ＡＩ人工智慧、半導體，奈米技術、５Ｇ網絡、大數據、太陽能等即是。

趨勢也有其聯動性的一面，以法國為例，近年不時看到該國發生街頭抗議的新聞，為什麼呢？因為法國人口老化趨勢愈來愈明顯，因而波及經濟發展，政府因應的政策是打算將退休年限延後兩年。然而法國人最嚮往領取退休金過舒適的日子，忽然延後退休年限，等於要民眾延後享受人生，不意外地引起了社會反彈。在這個趨勢當中的聯動性就是，人口老化勢不可擋，退休人口暴增，加重國家財政負荷，政府設法延後退休年齡以緩和財務困境，從而燃起民間對現任政府的不滿，決定走上街頭表達抗議（圖0-2）。

再來談一談貿易和投資的關係。二〇一八年美中貿易戰波及全球經濟走勢，跨越洲際——主要是美洲和亞洲——的貿易量減少，然而，區域內部的貿易相應提升，帶動起同一個區域內國與國之間的金流、物流、投資及各種交流的新趨勢。

世代變遷是更重要的國際趨勢，在國際政治上較少關切世代的變化，可是世代趨勢在當今政治變得愈來愈重要。沙烏地阿拉伯國王莫哈末薩爾曼、北韓領導人金正恩、法國總理阿塔爾、法國總統馬克宏、烏克蘭總統澤倫斯基，他們的年齡層大概是三十至

圖 0-2　法國人口老化發展趨勢圖

法國人口老化造成的趨勢
人口老化
退休的人變多
加重國家財務負擔
政府延後法定退休年齡
人民上街抗議

五十歲，跟美國總統拜登與川普、俄羅斯總統普丁、中國國家主席習近平等人，屬於完全不同的世代。而世代差異，在這些國家領袖之間的互動中扮演什麼角色？帶動什麼趨勢？這些都值得關注。

再舉一個跟世代變遷有關的例子，二〇二一年二月一日緬甸發生軍事政變，擔任國務資政的民主鬥士翁山蘇姬被軟禁，緬甸國內掀起反抗軍政府的浪潮。時至今日，軍人政府萬萬沒想到，他們已經無法像上個世紀那樣，在短時間之內擺平群眾運動。因為年輕世代有不同的國家想像，有不一樣的價值觀，他們建立自己的影子政府，打算長期對抗，拒絕向軍人政府妥協。這就是世代變遷的趨勢。

(二)國際政經的主要議題

有了趨勢概念，也需要了解當前國際政經有哪些熱門議題，例如國際貿易、新冠疫情、氣候變遷，這些議題都會影響到國與國的互動模式。

我們要觀察現階段有哪些國際大趨勢，人們的關切點有哪些，大家關切的問題如何反映在國際政治上。有人會說，人們關切的議題會隨著時間改變，今天大家關注氣候變遷，下個月大家卻在談國際貿易。沒錯，大眾關注的議題隨時都會改變，但是，**關切的議題會影響國際政治，是不會變的定理，國際政治著重的是「框架」**。

第三個框架：外交工具

(一)四大工具

一個國家訂立了外交政策之後，會通過以下四個工具來達成它的政策目標：

1. 軍事：戰爭。

圖 0-3　外交與外交政策所呈現的不同概念

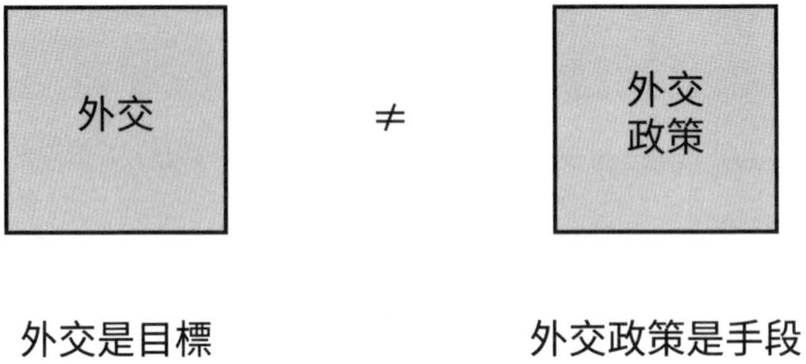

2. 經濟：經濟制裁、貿易優惠。

3. 外交：外交和外交政策是不同的概念，前者是目標，後者是手段（圖0-3）。

4. 宣傳：大內宣、大外宣、深偽技術、假新聞。

(二) 考量、工具、效果

每當國際上發生重大事件，我們要試著分析這個國家的考量、使用外交工具的目的以及使用的效果。這是第三個分析國際政治的框架核心。

比如說，二〇二二年俄烏戰爭爆發，西方世界主導國際社會制裁俄羅斯；俄羅斯則仗著國內盛產能源的優勢，以石油、天然氣作為反制西方的外交工具，亦即油氣武器化。西方世界採取「另找賣家」的對應策略，尋找替代的油氣供應國，減少對俄羅斯能源的依賴。對西方採取的策略，俄羅斯唯一的因應是，將能源以較低的價格出售給中國和印度。如此一來，便造成全球能源地圖重劃的效果。從俄烏戰爭例子可以看出，外交工具是如何延伸出各種各樣的國際互動。

03

微觀面的框架：決策過程、戰爭與和平、軼聞故事與整合思考

政治的微觀面觀察通常很有趣，有時沒有規則可循；事件的發生與結果，往往也因為領導人的決策風格和經驗而異。

第四個框架：決策過程

雖然不是每個人都有機會成為決定國家方向的領導人，但決策行為無所不在。假設你是一位企業主管，當你面對類似國家領導人所面臨的困境時，便可以自其中學習如何判斷問題，再從中做出取捨。我們還可以根據這些國家領導人的決策風格和經驗，分析他們決策的成敗關鍵，以為殷鑑。

以美國為例，川普二〇一六年當選美國總統後，一直推動阿富汗撤軍，但是直到川普二〇二〇年結束總統任期時，駐紮阿富汗二十年的美軍部隊仍未能撤軍返回美國，直到拜登政府上台後，才於二〇二一年完成這項目標。在這段攸關美國在中東地位與中東

勢力變化的決策上，川普身為一位風風光光的國家領導人，但他想要推動的政策卻始終推不動？原因出在哪裡？美軍無法在川普任內撤出阿富汗，是否跟川普的領導和決策風格有關？

川普為人獨斷，做事風格我行我素，倘若你是川普政府的官員，又或者你在工作上遇到類似川普這種猶如蠻牛般的上司，你該怎麼辦？所以，**觀察國際政治，要看事也要看人，從國家領導人的決策風格及其成敗得到借鏡**。

第五個框架：戰爭與和平

從古至今，不分大國、小國，所有國家的外交政策，追本溯源都是在處理兩件事：戰爭與和平。

基本上，觀察戰爭有三個面向：**戰爭會不會爆發？什麼時候爆發？維持多久？**

舉例來說，有許多國際企業認為，俄烏戰爭終將於二〇二三年告一段落，於是看準商機，摩拳擦掌，隨時準備加入重建烏克蘭的行列；結果，一直到二〇二五年，俄烏兩國仍處於交戰狀態。為什麼戰爭會停不下來？這時，我們得換個角度，從戰爭轉為思考和平：**如何締造和平？如何維持和平？怎麼催生和平的條件？**

第六個框架：軼聞故事

看國際政治只看檯面上的新聞是不夠的，很多國際上發生的事件都跟「故事」有關。以金正恩為例，二〇一八年北韓跟美國進行高峰會議之前，金正恩事先知會中國，向習近平釋出善意，希望在高峰會談前出訪中國。中國與北韓的關係本來就很不穩定，現在北韓主動示弱，希冀獲得中國的助力。而金正恩為什麼去拜會北京？怎麼打扮得像個學生一樣，還靜靜聽習近平一番訓示？這裡面都存在著非常有趣的故事。

二〇一一年五月，北韓領導人金正日自知來日無多，準備傳位給小兒子金正恩。在這之前，他希望能先取得中國的支持，所以特別到長春與中共總書記胡錦濤見面，取得中國支持之後，才回國安排金正恩接班。那時金正恩特別理了一個和他祖父金日成一樣的髮型，證明自己是金家血脈的正統，然後頂著這個髮型進入接班梯隊。

二〇一一年十二月金正日去世，北京發了一個很長的唁電，除了悼念金正日之外，更表達對金正恩的支持。誰知，金正恩順利上台後並未回報北京的善意。金正恩的姑爹張成澤是親中派，當金正恩整肅內部時，沒有任何猶豫就殺掉張成澤，讓北京很不是滋味。後來才會有二〇一八年金正恩主動向北京示意，說可以「邀請」他出訪中國，報告美朝峰會的相關事宜。之後，金正恩前往河內與川普共同舉行峰會，他這一程，還是中國派飛機送去越南的。

我們觀察國際上的互動，可以注意「誰主動」的這種細節。例如習近平與外國元首通電話，如果不是中方主動，北京發的新聞稿一定會註明是「應約」與誰通電話，意思是：是你找我的，不是我主動找你的。

一九七二年美國總統尼克森訪問中國則是一個例外。當年是美國主動提議訪中，但尼克森一向以反共著稱，所以不願意在對外聲明稿上承認是美國主動。當然中國也不願意說是北京主動。在雙方都不願意承認主動的時候，新聞稿的文字該怎麼寫呢？後來是周恩來出面解決，他笑著說「這個簡單」，於是在新聞稿上大筆一揮，寫上兩個字：「據悉」。也就是說，我聽說美國總統有意來訪，所以我們就提出邀請。美國方面則可以自圓說，我是沒有這個意思，不知你是哪裡聽來的，不過你既然邀請了，那我就去訪問吧。於是在中美雙方沒有一方主動的情況下，事情還是發生了。所以就談判論談判，周恩來這神來之筆，還真是談判天才。

國際新聞的照片也富含故事情節。以前我兼任中國時報國際新聞中心主任時，會特地挑選富有人文精神的照片作為版面主題。有一年海地爆發難民危機，當時被拘留在美國佛羅里達州等待遣返的海地難民，因為難民營監所突發火災而倉皇出逃，有位記者拍到一張很有意思的畫面：逃出來的難民爬到山丘上，回頭看著失火的難民監所，眼神充滿著無奈、落寞和渺茫，表情透露著難民深深的苦澀與悲傷，畫面令人非常感動。照片中的人物表情與眼神傳達著故事，而故事折射出來的是國際政治的圖像。這便是**從微觀的故事，拼湊出一幅宏觀的圖像**。

第七個框架：整合思考

(一) 超連結

超連結可以彙整知識，梳理脈絡，激發想像力。比如你今天到日本東京旅行，看到明治神宮的鳥居，第一個浮現的問題是：什麼是鳥居？這是日本的宗教。

接著你可能會問：這麼直、這麼高，這是什麼木材？紅檜。

為什麼是紅檜？這裡又帶出了生物和植物學的思考。

然後再問：這紅檜是哪裡來的？台灣。

為什麼是台灣？這又帶到了日本殖民台灣的歷史。

日本為什麼會殖民台灣？因為中日甲午戰爭，中國戰敗，跟日本簽訂《馬關條約》將台灣割讓給日本。

甲午戰爭日本打贏了中國，那中國有打過日本嗎？元朝時忽必烈曾經想打日本，後來碰到颱風，失敗了。

中日兩國在現代化的進程中，為何中國失敗而日本成功？這其中有什麼關鍵拐點？就這樣，我們的求知慾與好奇心像剝洋蔥一樣，一層一層剝下去，也慢慢建構出我們的知識體系。

(二)利用時間和空間兩個座標，增加對國際事件理解的深度

先想像一個十字型的架構，縱軸是時間，橫軸是空間；時間是歷史，空間是地理。我們觀察一個國家的外交政策，可以用現在的她跟過去的她相比較。例如，為什麼這個國家，在上一任政府碰到這類問題是這樣反應，到了這一任政府，反應卻有這麼大的落差？這就是縱軸上的觀察。

或者我們可以看，在同一個時間點上，為什麼甲國面對這樣的挑戰，是這種反應，

但乙國面對同樣的挑戰，反應卻完全不同？這就是在橫軸上比較。

以菲律賓面對中國威脅的反應為例，為什麼小馬可仕總統的反應，和前任總統杜特蒂的反應完全不同？杜特蒂親中，小馬可仕則是從親美不反中，變成與中國對抗。是什麼原因促成這樣的轉變？

另外舉越南為例，在和小馬可仕同一時期時，越南面對中國威脅的反應，顯然就精緻得多。越南會在美、中之間靈活擺動，巧妙從兩邊獲利。以南海衝突為例，菲律賓與中國發生南海衝突時，帶著記者前去，拍下現場衝突畫面播放並上傳網路，大量曝光以爭取國際輿論的支持。但這樣做的結果，是讓雙方都很難下台。越南採取的方法就不同，越南也會抗議，但總是在對抗中留一個迴旋的空間，讓外交談判得以進行。用本書後面會談到的「外交工具」來看，菲律賓用的是「宣傳工具」，越南用的則是「外交工具」。（圖0-4）

越南顯然對自己在美、中兩國之間靈活擺動的「竹子外交」感到自豪，操作起來也愈來愈純熟。

二〇二〇年十月，中共第二十次全國人民大會，習近平第三次獲選為中共總書記。

圖 0-4　從座標觀察國際事件

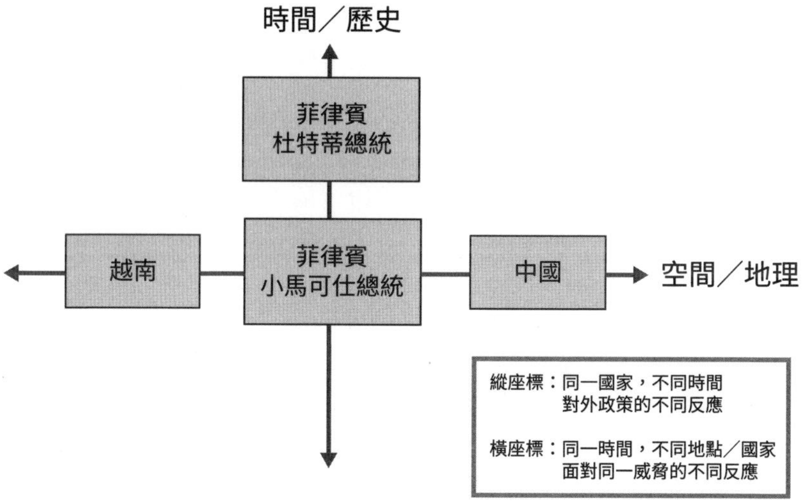

圖 0-5　七大框架看世界

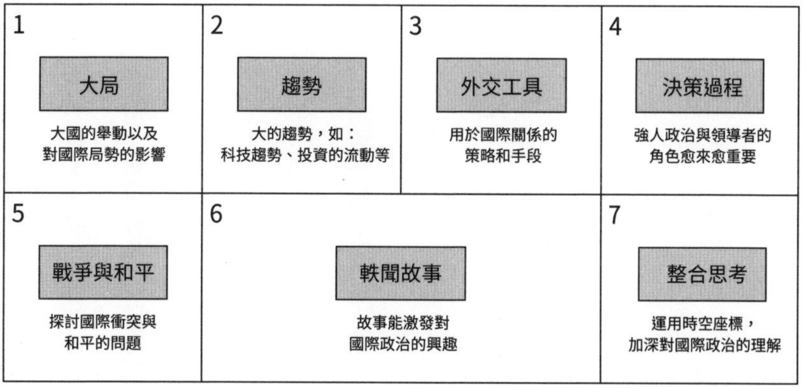

1 **大局** 大國的舉動以及 對國際局勢的影響	2 **趨勢** 大的趨勢，如： 科技趨勢、投資的流動等	3 **外交工具** 用於國際關係的 策略和手段	4 **決策過程** 強人政治與領導者的 角色愈來愈重要
5 **戰爭與和平** 探討國際衝突與 和平的問題	6 **軼聞故事** 故事能激發對 國際政治的興趣	7 **整合思考** 運用時空座標， 加深對國際政治的理解	

中國的慣例是總書記只做兩任，但習近平卻改變規則，延長了任期。國際對習近平的威權專制大多不以為然，但越共總書記阮富仲卻是在國際指責或懷疑聲中，第一位前往北京向習近平道賀的國家領導人。習近平對越南的表態當然點滴在心。阮富仲也因此取得中國的信任，在外交上賺到了更大的迴旋空間。之後他再跟美國往來時，中國也就沒有正當理由對越南施壓。

像這樣以縱座標與橫座標的比較，可以用來觀察任何兩個國家或兩任政府，先用座標分出差別，再用心找出差別的原因，這樣下功夫，對國際情勢的觀察就會更有深度。

小結

前面是七個分析國際政經動態的框架，也是七個觀看世界的方法（圖0-5），本書將在後續的篇幅中帶領大家進一步認識這些概念。

04

如何避免偏頗資訊

不必深偽技術，只要媒體刻意放大或屏蔽畫面，也足以扭曲事實。具備資訊識讀能力，穿透資訊背後的立場，建立資訊平衡，才不會得到偏頗的答案。

在收集資訊的過程中，難免會遇到資訊偏頗的問題。

在美國，很多媒體都是猶太企業家所持有，因此許多人認為，每當以色列與巴勒斯坦發生戰亂，這些媒體就會刻意投放對以色列有利的內容，以及巴勒斯坦的負面資訊。然而，事實上，生活在中東地區的猶太人，也的確是以巴衝突的受害者。所以，我們要學會資訊平衡，有能力穿透所接觸到的資訊，避免落入偏頗的一方。

比如說，甲國領導人到乙國訪問，這時我們不只看甲國的媒體報導，還要看看乙國怎麼報導，甚至也看看丙國新聞。國與國互動時出現的新聞資訊，必定存在著偏頗自己國家的立場，於是，觀察國際政治時應盡量獲取多元的資訊，比對甲、乙、丙三國的媒體對同一件事的報導，交叉檢證，建立資訊平衡。

舉個例子，二〇一八年六月，時任美國總統川普參加在美國舉行的G7工業國組織峰會，當時他備受輿論詬病，直指他胡言亂語，倒行逆施。眼光銳利的人就會發現，大同小異的新聞角度，但各國媒體挑選的照片各有千秋，同樣都是跟川普理論的場景，媒體的選圖都是將該國領導人擺在居中位置，這就是各個國家的偏見。

有的時候，政治人物若與媒體交惡，往往形象也會因此被刻意扭曲，川普就是典型的案例。

二〇一七年在馬尼拉舉行的東協五十週年峰會，東協十國領導人都是以兩手交叉的方式握手合照，這也是東協的特色。川普和當時的俄國總理梅德韋傑夫皆受邀出席盛會，美國媒體採用的照片是川普不會交叉握手的畫面，樣子看起來頗為笨拙；但媒體並未刊登同樣不會交叉握手的梅德韋傑夫的同框照片。顯然地，美國媒體刻意在貶低川普的形象，凸顯他讓美國人丟臉的畫面。很多時候，不必用到深偽技術，只要媒體或有心人士刻意放大或屏蔽特定畫面，也足以扭曲事實。

若想避免落入被偏頗資訊牽著鼻子走，我們需要多找幾個資訊來源，閱聽不同的新聞報導，多看幾種不同的畫面，才看得出存在哪些偏頗之處。

另一種偏頗，是同一件事卻延伸不同的解讀方式。二〇〇三年，中國國防部長曹剛川訪美，在白宮「見到了」小布希總統。當時美、中關係並不好，曹剛川是應美國國家安全顧問萊斯（Condoleezza Rice）的邀請進入白宮，並不是小布希邀請的。美方的安排是小布希到萊斯的辦公室「巧遇」曹剛川，兩人相互打個招呼，寒暄幾句。

第二天，中國官方媒體報導稱，美國總統在白宮接見曹剛川部長；台灣媒體則說，美國總統見曹剛川部長時，未表明反對台灣獨立；美國ＣＮＮ的報導則是，美國的確有意跟中國打好關係，但不是美國總統邀請中國國防部長到白宮作客，事情並非如中國和台灣所闡述。

由此可以看出，每個國家都採用對自己有利的角度，解構乃至扭曲真相，從而造成資訊上的偏頗。

總結來說，我希望讀者閱讀完這本書，可以獲得以下的能力：

第一，能掌握觀察國際政治的基本框架。

第二，能建構獨立分析時事的能力。

第三，鼓勵精進外文能力，盡量不要依賴翻譯後的二手、三手資訊。

第四，培養交叉檢證的能力，避免被單一媒體所影響。

第五，發展出回應局勢變化的能力，對國際上發生的事，知道如何布局、實際應用並爭取最大利益，以達經世致用。

Part 1

第一個框架 大局

大局

趨勢

外交工具

決策過程

戰爭與和平

軼聞故事

整合思考

01 從冷戰到後冷戰的國際體系

蘇聯瓦解後，國際體系由兩極往多極發展，中、俄、歐盟也加入強權行列。然而普丁專制獨裁、川普美國優先、中國極力打造多極，局勢正在蠢蠢欲動。

如本書緒論所述，國際政治的第一個框架「局」，可以分成國際政治和國際政治經濟兩部分，本篇01～04所談的即為國際政治相關的內容。

國際政治當中的「局」，講述國際舞台上有哪些主要的國家，這些國家之間的互動呈現出什麼的結構和樣態。二〇世紀後半段的冷戰是**兩極結構**，一極是以美國為中心的西方自由資本主義國家，另一極是以蘇聯為主的社會主義國家。在兩大超級強權的競爭體系之下，中國將自身定位為代表亞洲、非洲和拉丁美洲等開發中國家的利益，自詡為第三世界國家的領袖，亦即第三陣營（圖1-1）。

一九九一年十二月蘇聯解體，國際舞台只剩下一個以美國主導的超級強權，當時被稱為一**超多強**的格局，惟，美國逐步覺察它無法單獨駕馭全球趨勢，必須與其他國際盟

圖 1-1　冷戰時期的兩極結構

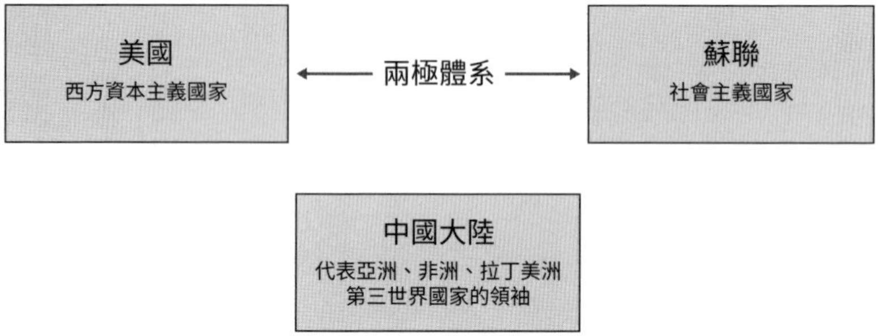

友合作，才能在多元環境下左右局勢。於是國際體系逐漸往多極方向移動，世界強國不再只有美國，中國、俄羅斯、歐盟等也加入強權行列。

美俄關係——從希望到失望

由於上個世紀七〇、八〇年代，蘇聯日趨衰敗，美國的國際優勢進一步得到鞏固。當時的國際體系呈現一片祥和之勢，實行改革開放的中國對市場化、經濟自由化的路線抱持開放態度，美國與歐盟的關係則猶如兩根柱子，支撐著西方秩序。蘇聯解體以後，美國的影響力進一步朝向前社會主義陣營的腹地擴張，北大西洋公約組織（North Atlantic Treaty Organization，簡稱北約、

NATO）納入波羅的海三小國（愛沙尼亞、拉脫維亞、立陶宛）為新成員，西方陣營不斷向俄羅斯逼近。

此時標榜民主的普丁獲選為俄羅斯總統，西方陣營一度認為能夠跟普丁溝通。不過，普丁之後以各種途徑取得連任總統大位，控制整個國家機器，在他的領導下，俄羅斯逐步趨向專制獨裁，西方陣營對普丁的期待也跟著落空。此時俄羅斯對領土擴張的意圖也愈來愈明顯，二〇〇八年攻打喬治亞共和國，二〇一四年兼併烏克蘭的克里米亞半島。西方陣營跟俄羅斯的關係跌入了谷底。

搖搖欲墜的西方秩序

與此同時，美國與歐洲盟友的關係亦生變。二〇一六年川普當選美國總統，推行「美國優先」的政經措施，要求其他北約成員分擔更多軍事開銷，以致長期累積下來的互信基礎逐漸弱化，西方秩序的兩根支柱也就垮了。

直到拜登上任美國總統，全力修補美歐關係，但是要彌合川普時期造成的創傷，不是一朝一夕的事，況且美國國內仍有不少選民惦念「讓美國再次偉大」的川普，這些因素都不利於拜登政府重整西方陣營。

除此之外，**中國也主動向歐盟招手，向他們推銷多極的世界觀**，進一步給拜登治下的美國帶來麻煩。

歐盟能與美、中抗衡嗎？

歐盟雖然是個完整的政治經濟實體，但它能否成為足以跟美國和中國競爭的一個極，仍有待時間證明，法、德兩國是維繫歐盟發展的雙引擎，可是兩個國家都有自己的利益考量。法國總統馬克宏一心一意想著獨領風騷，但受到國內的政治分歧所束縛，左、右光譜角力撕裂國內民意，於是馬克宏無法效仿前德國總理梅克爾般叱咤風雲。

其實，就算歐盟真的能發展成一個「極」，歐盟與美國的關係還是比歐盟與中國的關係來得親近，更何況，歐盟當前最關心的是來自俄羅斯的軍事威脅，而不是中國所稱的打造一個多極的國際體系。故此，中國向歐盟推銷的多極國際世界觀，給人的感覺是英文所說的「Not on the same page」（不是在同一頁上面）。

歐盟關心的是地緣政治的風險，比起國際話語權，更在意安全問題，而中國關心的是打造一個多極體系，所以歐盟覺得中國對歐洲世界不夠了解，無法像美國那樣能感同身受，中國與歐洲國家的合作就永遠存在隔閡。

02

美中對抗的架構

「入世」後的中國，沒有更開放，也沒有更民主，反倒藉由WTO高速發展經濟，強化黨國合一體制，其積極、進取的外交路線，使美國備感威脅。

修昔底德陷阱

美、中對抗是當今多極體系世界的焦點，兩國的對峙從貿易戰揭開序幕，然後由貿易延伸到科技、軍事，在這些領域的對抗裡隱含地緣政治、地緣經濟，一直擴張成全面性的對抗（圖1-2）。

過去，美國政治圈一向抱持著一種假說看待中國的發展，主張二〇〇一年加入世界貿易組織（World Trade Organization，簡稱世貿組織、WTO）的中國，勢必會走向市場開放的道路，為美國企業和投資者提供商機；而中國與世界交流的深化，則會加速中國的自由化與民主化。後來發現，「入世」後的中國，經濟結構並沒有變得更開放、政治體制也沒有比以前更民主。反倒是中國藉由WTO的平台高速發展經濟，同時**在國內外訴**

圖 1-2　美國與中國的競爭關係

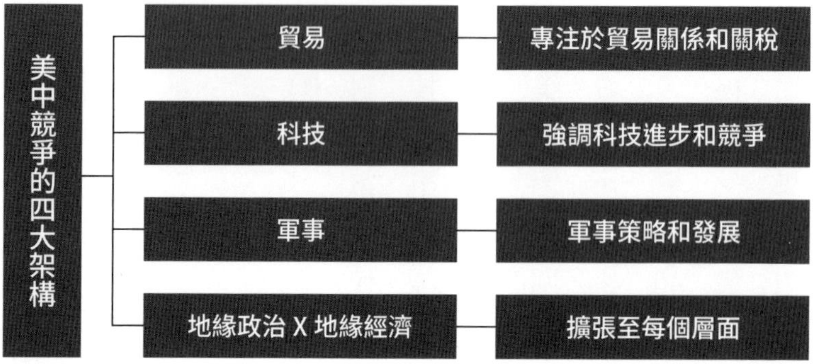
美中競爭的四大架構
貿易
專注於貿易關係和關稅
科技
強調科技進步和競爭
軍事
軍事策略和發展
地緣政治 X 地緣經濟
擴張至每個層面

圖 1-3　美中貿易戰的表裡

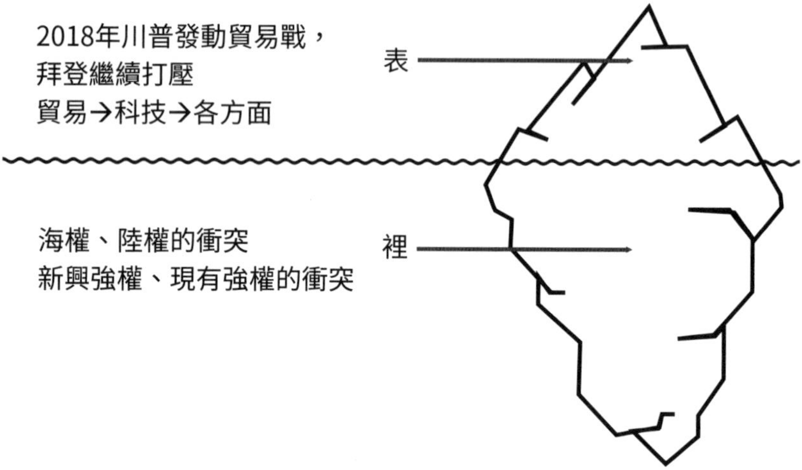
2018年川普發動貿易戰，
拜登繼續打壓
貿易→科技→各方面
表
海權、陸權的衝突
新興強權、現有強權的衝突
裡

諸民族主義，填補意識形態的空洞，讓「中國」和「中共」相結合，黨國合一的體制得到強化。於是二〇一三年就任國家主席的習近平，選擇放棄鄧小平「韜光養晦」的大方針，轉而採取更積極、進取的外交路線。這種結果讓美國感到威脅，也驗證了早年美國對中國「入世」以後的假設完全錯誤。

過去我們認為，中共跟中國是兩件事，所以在台灣會聽到「反共不反中」的論調，可是中國民族主義燃起以後，中共跟中國變同一件事，使得一切不符合中國共產黨意思的事物，都被貼上反中的標籤。中國崛起，促使民族主義填補意識形態的真空，讓中國對國際地位產生更大的企圖心，比以前的中國領導人更積極進取。

第二次世界大戰結束後，美國就是打造世界新秩序的首要推手，如今中國崛起，美國當局認定這是對西方秩序的挑戰。中國雖曾不斷對外示意，他們的崛起不會對美國構成威脅，但長期擔任世界頭號強國的美國，就是感受到地位被中國威脅，這便是所謂的**修昔底德陷阱——新興強國崛起，威脅到現有強國的國際地位時，雙方愈有可能爆發戰爭衝突**。

因此，二〇一八年美、中之間的貿易戰純粹是冰山一角。表面上，圍繞在兩國進出

圖 1-4　十九世紀海陸強權的對峙圖

口貿易的爭執；實際上，美、中對抗涵蓋了海權與陸權的對立，以及新興強權跟現有強權的結構衝突（圖1-3）。

海陸強權的博弈

從十九世紀開始，國際政治即一直出現海權跟陸權的對抗。例如，德國代表的是陸上強權，英國代表的是海洋強權。德國要擴張勢力範圍，必須走出歐洲大陸往外伸張，於是投入大量人力、物力研發潛艇；英國因此感受到威脅，而必須壓制德國的企圖，德國與英國（和美國）這場嫌隙與對抗，觸發了兩次世界大戰（圖1-4）。

第二次世界大戰結束之後，德國退場，隨之而來的陸權代表是蘇聯，美國則成為海權大國。一九九一年蘇聯解體，冷戰結束，中國繼承頭號陸權大國的地位，跟過去陸權大國德國、蘇聯一樣，中國也急著尋找出海口，向外拓展勢力。此時海權強國則由美國、澳洲和日本所主導，他們在海上聯手，從黃海、東海、台海到南海，形成劍指中國的西太平洋圍堵第一島鏈。

新興強權與現有強權的結構衝突

新興強權崛起，往往自認不會對現有秩序造成威脅，反而是現有強權無法容忍一個新興強權橫空出世。不管是共享權力還是分庭抗禮，現有強權都無法接受改變現狀。

如前所述，中國崛起具備著強烈的企圖心，以美國為主的西方陣營，很難接受中國日益強大的事實。第一個原因是，早前國際政治基本是以歐、美強權為主，今天**中國所代表的是一個非歐強權**，讓西方陣營感到懼怕。第二個原因，**中國的意識形態跟西方世界全然不同**，習近平對外宣稱竭力打造**新型大國關係**，然而，西方陣營也不曉得新型大國關係的概念為何，理論基礎是什麼，因而歐、美國家依舊用傳統的大國關係來看待，極力遏制中國的壯大。

俄烏戰爭爆發之後，中、俄關係愈走愈近，伊朗由於跟西方關係緊張，於是跟中國、俄國的互動也愈來愈緊密，漸漸**催生出中國、俄羅斯和伊朗結成新的三角軸心**。為了壓制這個新的歐亞軸心，必須從歐洲到亞洲連成一條防線，自大西洋的北約延展到東北亞的日本與韓國。所以，美國居中調解日、韓兩國的紛爭，同時加強與其雙邊關係，拉攏日、韓跟北約保持聯繫，將太平洋盟邦——日本、韓國、印度、澳洲整合成印太聯盟，目的是圍堵中國、俄羅斯和伊朗為主的歐亞三角軸心。

面對美國築起的圍牆，二〇二二年習近平在美國與沙烏地阿拉伯關係產生裂痕時，前往訪問該國，中國並藉由調解伊朗與沙烏地阿拉伯的恩怨，向歐亞大陸以西的中東地區進行外交突破。最終，中國外長王毅於二〇二三年三月十日，在北京宣布中、沙兩國恢復邦交，表示中國在中東地區的布局有所斬獲，提高在該區域的影響力。當美國把重心轉到印太之時，「你從東邊堵我，我就往西邊走」，中國也悄悄地進到中東布局。

03

大國與小國，誰影響誰？

大國會拉攏占據重要地緣政治位置的小國，如何善用籌碼，考驗著小國領導人的政治智慧。況且，有時大國還會受制於小國，出現了尾巴搖狗的局面。二〇一八年北韓領導人金正恩即操作了一齣尾巴搖狗的好戲。

大國之間的博弈當然也影響到小國的處境，相對於大國，小國在國際政治角力中存有三個觀察點（圖1-5）。

第一個觀察點：大國角力的拉攏目標——東南亞

正當大國在互相競爭，小國可能因為占據重要的地緣政治位置，成為大國競相爭取和拉攏的對象。大國必須確保這些小國的利益跟自己的利益保持一致，無形中提升了小國的話語權。

東南亞就是一個典型例子，美國拉攏東南亞國家一起圍堵中國；中國則利用一帶一路倡議突圍，以經濟手段博取東南亞國家支持。印度的東進政策、台灣的新南向政策、

圖 1-5　大國對小國的影響

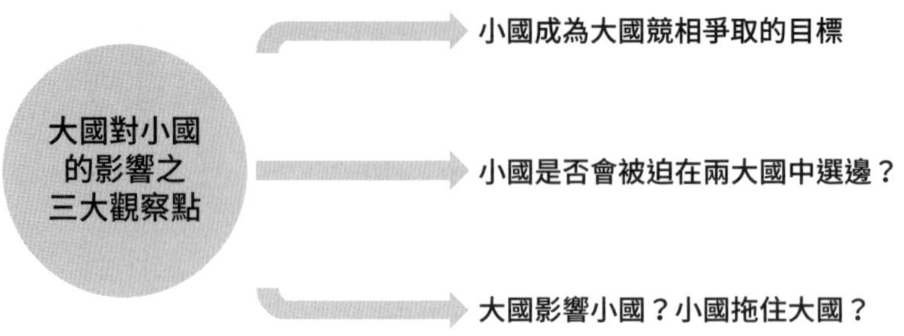
大國對小國的影響之三大觀察點
小國成為大國競相爭取的目標
小國是否會被迫在兩大國中選邊？
大國影響小國？小國拖住大國？

韓國的新南方政策，還有日本各種經濟倡議和投資規畫，一時之間讓東南亞成為各家必爭之地（圖 1-6）。

為什麼東南亞會成為大國焦點？為什麼某些東南亞國家國力不強，卻掌控一定的國際話語權？

因為東南亞占據地緣政治的優勢，談判籌碼相對多。尤其是二〇一八年美中貿易戰開打，全球供應鏈從中國往南移向東南亞，頓時成為各大國競相拉攏的對象。例如，越南因為貿易戰，成為美、中兩大國急於拉攏的國家，進而為越南創造更多的選擇，在國際政治上變得比以往更加活躍與彈性，抬高它的國家地位。

第二個觀察點：小國是否被迫選邊站？——新加坡、越南、菲律賓

圖 1-6　世界各國前進東南亞的政策

東南亞成為全球競相爭取的目標

美國的圍堵政策

· 美國旨在通過圍堵中國，來增強其在東南亞的影響力。

中國的一帶一路

· 中國通過陸地和海上絲綢之路，倡議擴大其經濟影響力。

印度的東進政策

· 印度通過增強經濟和安全聯繫，來增強其東方影響力。

台灣的新南向政策

· 台灣通過經濟和文化聯繫，增強與東南亞的關係。

韓國的新南方政策

· 韓國通過經濟和文化合作，增強與東南亞的聯繫。

日本的湄公河倡議

· 日本通過基礎設施和發展項目支持湄公河國家。

正如前面提到的，大國爭相在東南亞立足，那麼，該區域的國家如何抉擇呢？是否會被迫選邊站？還是可以在整個局裡面，選擇不要靠向任何大國？

新加坡外交政策的一大特色是講求平衡，它引入所有國際勢力，呼籲大國放下對抗、和平競爭，不在美國和中國之間選邊。

過去，**泰國憑著「風中之竹」的姿態，成為東南亞唯一沒有被殖民的國家**，如今的越南跟那時的泰國很類似，憑藉其U形的地理優勢（面向南海，毗鄰中國），成為大國拉攏的目標。雖然美、中兩國都跟越南有歷史恩怨——一九六八年到一九七五年間美國發動越南戰爭；一九七九年中、越爆發邊境衝突——但兩國仍極力爭取越南的青睞。二〇二三年習近平、拜登相繼出訪越南，使**越南成為少數在同一年內接待美、中兩國最高領導人的國家**。

菲律賓的情況稍微不同，小馬可仕本來也像越南、泰國於美、中兩國之間擺盪，秉持「親美不反中」的政策。後來，小馬可仕慢慢失去平衡，跟中國的關係不斷惡化，菲、美兩國關係愈來愈親密，最終菲律賓變得高度親美。

越南和菲律賓都是東南亞小國，兩國都夾在美國和中國兩強對立之間，為什麼越南外交彈性在兩大國之間游刃有餘，菲律賓卻愈來愈缺乏彈性而顯得黔驢技窮？

第三個觀察點：大國與小國，誰影響誰？——北韓

在國際政治上，有不少案例顯示，大國的舉動往往會受到小國影響，有時也被形容為「尾巴搖狗」和「狗搖尾巴」。例如二〇一七年北韓展開多次飛彈試射，美國、中國、俄羅斯、日本等周邊大國，用盡外交工具對北韓威逼利誘，仍無計可施。這情況說明，北韓的軍事突破距離成功愈來愈近。

二〇一八年，北韓領導人金正恩一反常態，拋出與南韓和平對話的橄欖枝，促成金正恩與韓國總統文在寅於板門店會談。另一方面，又主動示好，相繼與中、美召開高層峰會，上演這一齣尾巴（北韓）搖狗（中、美）的好戲。這時，**東北亞地區是戰是和，約莫是由金正恩說了算**。

只不過，**金正恩這一番操作，熱鬧有餘，成果不足**。

北韓始終在朝鮮半島無核化的問題上跟美國唱反調，美國總統川普強調，放棄核武是解除對北韓經濟制裁的先決條件，北韓則是站穩拒絕棄核的立場，甚至把動用核武納入憲法，雙方的談判因此陷入僵局。所以說，金正恩一連串的外交動作，實際進展極度

有限，狗做回了尾巴的主人。

在國際政治上到底是大國影響小國，還是小國影響大國？事實上，小國無法影響大國，尾巴不可能是狗的主人。有趣的是，大國的國際政治教材不斷叮嚀領導者別被小國牽著走，而小國的國際政治文獻則呼籲領導人，盡量把大國拖入小國制定的遊戲規則。只不過，小國終究無法影響大國，這是不可能改變的政治現實。

04 東西vs南北：全球南方與搖擺六國

沙烏地阿拉伯、印度、印尼、巴西、土耳其和南非被稱為搖擺六國；赤道以南國家集體向西方抗議，應多納入南方國家的議題。

國家大小是相對的概念，有些國家的規模不如美國、中國、俄羅斯，卻比起新加坡、以色列之類的國家來得大，這類國家被視為中等國家，在**國際政治上游動於大國之間，還能左右逢源，是中等國家的一大特徵**。下文將以沙烏地阿拉伯、印度、印尼、巴西、土耳其和南非六個被稱為**搖擺六國**的中等國家說起。

搖擺六國

在美國和中國對抗之際，俄國又入侵烏克蘭，兩個事件加乘嚴重衝擊全球供應鏈，讓各國更加速將產業鏈「外包」給關係相對好或臨近的國家，於是以區域為中心的貿易與金融中心興起，中等國家開始被世界看見。

所謂「搖擺六國」，是指沙烏地阿拉伯、印度、印尼、巴西、土耳其與南非這六個中等國家，憑藉其特殊地理位置與歷史關係，得以在美國與俄羅斯兩個陣營之間搖擺。他們跟美國的關係相當密切，但也不至於跟俄羅斯和中國交惡。

以印度為例，它是美國領導的印太四國安全對話（美國、日本、澳洲、印度）的成員，但是從冷戰以來又一直和蘇聯（俄羅斯）保持良好關係，俄羅斯也是印度最大的武器供應國。印度和中國一九六二年打過邊界戰爭，現在又一直處於龍象賽跑的競爭關係，但是印度和中國的關係又不是壁壘分明、一刀切的敵我關係。印度是「上海合作組織」（唯一以中國城市為名的國際組織）九大成員國（中國、俄羅斯、哈薩克、吉爾吉斯、塔吉克、烏茲別克、巴基斯坦、印度、伊朗）之一，也是「金磚國家」成員。這種多重夥伴關係，讓印度可以自由且自豪地在各強權國之間擺動。

土耳其的情況尤其值得拿出來討論。

土耳其地跨歐亞兩洲，是中東進入歐洲的橋樑，地理位置尤其關鍵。二〇一一年阿拉伯之春爆發後，中東許多國家相繼發生內戰，大批難民逃往歐洲。進入歐洲的兩條主要路線，一是從北非跨越地中海進入歐洲（最近的國家就是義大利，再利用申根簽證進到其他國家，尤其想進入德國），當時有很多難民因為走這條路線而葬身海上。

另一條路線是從巴爾幹半島進入歐洲，這就要經過土耳其了，這條路線對敘利亞的難民尤其重要。敘利亞北部就是土耳其，難民進入土耳其，如果土耳其放行，他們下一步就是經由巴爾幹進入歐洲了。歐洲人一向認為歐洲是基督徒的歐洲，怎麼可以讓大批回教徒進入？因此中東穆斯林難民進入歐洲，未必能融入歐洲社會，最後反而製造新的問題。所以歐洲國家紛紛央求土耳其作好邊界把關、過濾的工作。

其實我們所說的難民可以分成好多類，有的是合法的，有的是非法的；有的是政治難民，來尋求政治庇護的；有的是經濟難民，是來找工作的。這些難民的目的不相同，所以需要過濾。但是難民居住在土耳其邊界的難民營需要錢，過濾面談難民也需要人力、物力，土耳其因此要求歐盟必須支援，某種程度上，難民變成土耳其和歐盟談判或勒索的工具。

土耳其和俄國的關係更是千絲萬縷。一四五三年東羅馬帝國滅亡，鄂圖曼土耳其蘇丹穆罕默德二世攻下君士坦丁堡，改名伊斯坦堡。同為東正教的俄國認為，西羅馬、東羅馬相繼滅亡後，該輪到俄國繼承正統，成為第三羅馬了。所以俄國也一直希望能拿下伊斯坦堡，來彰顯它的羅馬傳承。從十九世紀俄國與鄂圖曼土耳其的關係，到現在莫斯科與伊斯坦堡之間密集的航班，都可以看出俄、土之間複雜的情結。

第二次世界大戰結束之後，美國建立北約，也力主拉土耳其進入，除了其橫跨歐、亞的地理位置之外，主要還有兩個原因。其一是，土耳其是少數伊斯蘭教的民主國家。

中東在鄂圖曼土耳其瓦解之後，獨立的各個國家走的雖然是世俗路線，但都是採取開明專制。中東各國不論國王、酋長、總統，在位時間都相當長，雖然也有選舉，但在執政黨威權統治下，政權一直延續。以埃及為例，一九八一年總統沙達特遇刺，穆巴拉克以副總統身分繼任，一直在位到二〇一一年阿拉伯之春爆發，才被推翻下台。在位足三十年的穆巴拉克，被埃及人稱為「今之法老王」。中東國家的政治狀況，完全不符合西方的民主制度，穆斯林國家中，只有兩個國家，伊斯蘭教和西方民主制度能夠並存：一是印尼，另一就是土耳其。

土耳其在一九二三年凱末爾革命時，就決定走世俗路線。即便後來具有宗教性的「正義與發展黨」執政，也沒有放棄世俗的選舉路線，所以西方國家才會力保土耳其。

第二個之所以要拉土耳其進入北約的原因，是土耳其可以成為基督教世界與回教世界對話的橋樑，是基督教世界進入回教世界的門戶。有土耳其加入北約，北約才不會被回教國家看成是另一個基督徒對付回教徒的新十字軍。

不過，歐洲又不是真的那麼甘願接納土耳其。前面說過，歐洲人沒有說出來的，是他們一直認為，歐洲應該是基督教的歐洲。歐洲裡面當然還是有回教國家，比如巴爾幹半島的波士尼亞、阿爾巴尼亞，但是它們都是小國，像土耳其這樣的大國要進入歐洲世界、加入北約，就有相當疑慮。十九世紀時，巴爾幹半島是哈布斯堡王朝的奧匈帝國與鄂圖曼土耳其對峙，土耳其是被擋在歐洲外面的。今日土耳其想進入歐盟，歐洲總是拿土耳其還有死刑、不夠進步等理由拖延，就是想把土耳其擋在門外。於是美國很焦急，它告訴歐洲國家，若再擋土耳其，它可能就要倒向俄國了。

俄國跟土耳其有一點很像，俄國也是地跨歐、亞兩洲，也一樣想加入歐洲，但是歐洲一直不願意接納。從拿破崙戰爭以來，歐洲就明白，要建立歐洲秩序一定要有俄國參與，它是建構歐洲權力平衡不可或缺的勢力。但是歐洲又不願意讓俄國成為歐洲的一部分。因此英國金融時報才會說，俄羅斯總統普丁和土耳其總統埃爾多安，是「歐洲門口兩個憤怒的男人」。

不過美國擔心，歐洲若拒絕土耳其，土耳其會加入俄國陣營，這個情況後來也有了改變。土耳其現在充滿自信，埃爾多安想經營的是他們自己的「突厥國家組織」（二〇二一年十一月，由土耳其、哈薩克、土庫曼、烏茲別克、吉爾吉斯以及亞塞拜然六個國家，在伊斯坦堡所成立）。土耳其既然可在國際舞台扮演一定的角色，何須加入任何陣營？

這就是搖擺國的神氣。美國自認可將世界切成兩個陣營，事實上並非如此。搖擺六國即是仗著地理位置和豐富的資源，於世界大國之間擺動。

全球南方的崛起

西方人看世界習慣以歐洲為中心，由西往東看，所以出現與西方比較近的近東（非洲東北部、亞洲西南部）、中東、遠東（印度次大陸、亞太地區）。而從東往西看是亞洲人的傳統，恰好跟西方相反。所以從我們的角度看，西方人眼中的「遠東」，我們叫作「亞太」，中東我們稱「亞西」。然而，不管是由西往東看，還是由東往西看，這條都是東西軸線。所以西方人把跟俄羅斯、中國的政治軍事衝突，稱作東西衝突。

南、北的經濟衝突是另一種視角。大部分富有國家或發達國家，都在赤道以北，所以被稱為北方國家，七大工業國（G7）就是典型的北方國家。反之，大部分貧窮國家或發展中國家，都位於赤道以南，被稱為南方國家。北方國家因為發展得較早，享受了地球比較多的資源，在國際經濟組織中也有比較多的話語權。現在南方國家想要迎頭趕上，便力主重組國際經濟結構，修改遊戲規則，以提高發展中國家在國際經濟組織的話語權，並要求北方國家承諾，給南方國家更多經濟援助。這就是發生在一九七〇年代的南北對話。

一九七〇年代的南北對話，後來在北方國家強勢的態度下逐漸挫敗。但是，南方並未放棄爭取在國際議題上有更大發言權的努力。所謂的「南方國家」其實也是個泛稱，內部也有大有小，那些比較強大的南方國家，有好幾個正是前面介紹的搖擺國。他們發現自己在國際上的分量增加了，有更多的權力槓桿可以借力使力，便站出來幫南方國家發聲，於是一個新的口號被提了出來——全球南方。

俄烏戰爭與新冠疫情是「全球南方」概念的催化劑。俄烏戰爭爆發後，美、歐將世界分成兩個陣營：支持西方制裁俄羅斯，和不支持西方制裁俄羅斯。也就是前面所說的東、西兩個陣營。

很多南方國家認為，西方綁架了國際會議，每一次國際會議都要討論俄烏戰爭，好像這是世界上唯一的問題。南方國家認為，這世界除了東西架構，也應該有南北視角，他們關心的議題也很重要，比如疫苗、氣候、外債、糧食供應等問題，也應該受到同等的關心。

最早提出全球南方口號的是巴西總統魯拉；後來，印度總理莫迪說他也要代表全球南方；一向以第三世界、南方國家領導自居，並倡導南方國家「南南合作」的中國，也說要代表全球南方；連南非也站出來說，願意為全球南方發聲。

「全球南方」的概念並不清楚，應該包括哪些國家也沒有明確界定，加上好幾個國家爭相替南方出頭，所以北方國家並不願意使用全球南方這種說法。可以討論南方國家關心的議題，但不願意國際社會變成南、北兩個陣營的對抗。

05 當今三大世界觀

世界各國的結盟與陣營百花齊放，我們可以運用三種較為普及的世界觀，來分析國際局勢，雖不足以全面涵蓋，卻呈現當今的國際現實，代表不同的想像與趨勢。

三種世界觀

鑒於前面談到國際政治話語權的博弈，世界觀也變得比以前更多樣化。目前，我們可以分成三個世界觀：

(一) 民主與極權

延伸自東西衝突，由歐美西方陣營主導，認為全球處於民主自由和極權獨裁的競爭，民主陣營務必團結，跟中、俄為首的極權勢力對抗，捍衛「**有規則的國際秩序**」。

(二) 多極世界體系

中國表示，美國所定下的是美國的規則，不是國際法，不能把美國的想法加諸在其他國家。中國認為，**世界應該是多極的世界**，應趁著百年難得一見的機遇，**與俄羅斯攜手改變被西方壟斷的國際秩序**。

(三) 全球南方

以印度為首的中等國家即全球南方，**從南北的經濟視角看全球發展**，關注氣候、正義、債務、疫情之類的課題，他們並不認同兩極化的世界，亦不見得全盤接受中國的多極世界。

以上三個世界觀都是當今的國際現實，**彼此相互碰撞與競合**，沒有對錯、善惡之別，單純是看待世界的方式及對未來的想像不一樣，三者依然有其合作關係。

現實與想像的落差

現實與想像的落差也適用於當前國際政治。談到對世界觀與未來的想像，美國認定這世界有民主與極權兩大陣營，實則，當今世界是趨於破碎化的全球格局，川普執政時動搖美國與歐洲的多年交情，更加速破碎的趨勢。

習近平推銷的多極世界觀，也面臨與美國同樣的困境。中等國家和諸多小國，還是選擇在美、中兩強之間徘徊、游動，這些國家對於成為另一個「極」以抗衡強國，未必有意願或能力。正如前面提到的，不管是歐盟還是領航的法國、德國，無法成為一個「極」的原因是內部分歧嚴重，中國鼓吹歐盟成為一個「極」，顯然不切實際。

有個例子，可以很生動地說明歐洲的狀況。曾經有人拷問美國前國務卿季辛吉，「國際事務常常都是美國說了算，為什麼美國不能去聽聽歐洲的意見呢？」季辛吉反問，「請問，歐洲那麼多國家，你若能提供給我一個能夠代表歐洲意見的電話號碼，我馬上撥過去。」

印度自詡代表全球南方在國際發聲，但是巴西、南非和印尼，也都出面爭著擔任全球南方的領導者，各國爭相做頭的強大企圖心，導致南方國家無法團結。而且，相較於美國和中國提出的世界觀，全球南方的概念顯得粗糙，也沒有完整和嚴謹的組織。

雖然兩極、多極與全球南方，這三**個世界觀都不能涵蓋國際政治的全部面向，但卻代表三種不同的想像和趨勢**（圖1-7）。

簡單來說，國際政治的局，主要是大國之間的互動及美、中結構性的對抗。在這些

圖 1-7　兩極、多極到全球南方的世界觀

三種世界觀的碰撞與競合

美國

· 世界是兩大陣營，但世界早已破碎
美國與歐洲從互信→川普打散掉→拜登恢復互信

中國

· 推動多極國際秩序
→中等國家依舊於美、中之間擺動，未必有能力或意願成為第三勢力

印度

· 想代表全球南方
→全球南方不團結

大國、強國的碰撞中，可以看到周遭的小國如何在夾縫中擺動。每個國家回應局勢的方式各有所取，惟，大的框架——局，依然不為所動，大國還是主導著國際政治的走向。

06

美中貿易戰與科技戰的攻防

國際經濟與政治是兩個棋盤，卻相互影響。無論是「使地球變成平的」的多邊化、全球化貿易平台，或是雙邊、區域型態的貿易組織，都跟政治情勢的變化息息相關。

前面所談的是國際政治，接下來談的是與國際經濟相關的內容。政治與經濟像是兩個棋盤，兩者會相互影響，而不同的國家在不同的棋盤下棋。比如說，美國要圍堵中國，不會只是在地緣政治著手，還包括經濟層面的作為。

貿易戰開打

二〇一八年川普啟動對中國的貿易戰，一開始的戰略重點，是扭轉美中之間的貿易逆差。對中國施壓，以便美國企業在中國能得到公平和友善的競爭環境，並警告中國不得侵犯美國的智慧產權。中國起初認為，川普的最終目標是要逼中國購入更多美國產品，後來才發現不止如此，**川普不滿的還包括世界貿易組織框架底下的多邊貿易體制**。

世界貿易組織是全球性和多邊性的經貿建制，跟雙邊或區域性貿易組織是不同的概念。每當國際事務在WTO這個全球框架下談不攏，國與國就會轉向區域性的貿易談判，這樣會更容易建立共識。於是，區域性貿易組織的興起，將整個世界切割成許多塊狀——亞太、歐洲、北美、非洲等，與全球化的概念背道而馳。

然而川普更傾向於區域性貿易，他以大國角度去思考，斷定WTO讓美國的利益受制於小國，如同《格利佛遊記》裡被眾多小人用繩子捆綁起來的巨人般，動彈不得。所以，川普想擺脫WTO的牽制，他大手一揮，就要顛覆戰後美國一手打造的多邊貿易體制，試圖以雙邊的自貿協議來取代。而且，川普要讓「美國再次偉大」，把分布在海外的製造業拉回美國，並向中國豎起關稅壁壘。

我們可以發現，美國向中國發起貿易戰，主要有兩個理由，第一是美中關係，川普覺得，美國受到中國政府的不公平對待，包括中國扶持國有企業與美國民間企業競爭。第二個理由，是中國政府強迫民間企業技術轉移，想要在科技競賽上彎道超車，以及對美國投資者處處設限。

不過，在這些理由底下，川普的真實意圖志在顛覆行之有年的多邊貿易體制。當時，美國貿易代表萊特海澤接受媒體訪問時，就清楚表示，他之所以接任美國貿易代表這個職位，就是要把國際上現有的規範，一個一個撬開，撬開這些磚頭般的規範。川普為了讓世界各國到美國投資，發放補貼，並鼓勵美國民間企業回美國發展，摧毀了長年建構下來的全球自由貿易體制。

美中貿易戰開打以後，美國製造業回流，本來是在中國製造、在美國消費，現在是在美國製造、美國消費，長途航運的需求也大幅減少。美國對中國豎起關稅壁壘，許多在中國設廠的美國企業，紛紛撤離中國，將供應鏈移動到東南亞。美中貿易戰牽動的種種事件，就是我們看到國際政治經濟的第一個變化。

科技戰如火如荼

美中不只在貿易和地緣政治上較勁，科技戰更是如火如荼。5G網絡技術、電動車、半導體、AI，紛紛成為美、中兩國較勁的標的，科技互動逐漸從激烈的對抗走向脫鉤。儘管美國和歐盟不願意說成脫鉤，但是我們可以看到，美、中兩國就是逐漸劃分成兩大塊，愈加趨於壁壘分明，事實上就是在脫鉤。

美中貿易戰的重點，在對抗的過程中也漸次改變。一開始的時候，中國認為這只是貿易赤字的問題，所以副總理劉鶴到美國談判時，準備了一些開放進口的清單，認為這應該可以讓商人出身的川普滿意。後來才發現事情不是這樣。川普不滿意的不只是貿易赤字，而是認為中國加入WTO之後，得利的是中國，損失的是美國，這整個多邊貿易體制對美國是不公平的。

前有體制上的不公平，後有美國企業反應，在中國經營事業受到不公平的待遇。美國民間企業進到中國後，碰到的競爭者是中國的國企，而中國政府採購又獨厚國企，美國人希望在中國投資設廠，以及在中國市場的競爭，都能被公平對待。可是這裡出現一個矛盾：若美國企業紛紛前往中國設廠，最後生產出來的產品還是賣回美國，那不是加劇貿易赤字嗎？

減少貿易赤字和要求中國給予美國企業公平對待，哪一個才是優先目標？而且，中國是國家資本主義的體制，共產黨可能不補貼國企嗎？要做到不補助，這可是一個扭轉國家體制的大改變！

美國企業到中國設廠，常被要求科技轉移，這是美中貿易戰衍生出來的第三層問題。中國在二〇一五年提出「中國製造二〇二五」的行動綱領，被視為中國推動中長期產業結構調整的主要措施，目標是讓中國擠進強國之列。該計畫瞄準十大關鍵領域，包括新一代資訊科技產業、高檔數控機床和機器人、航空航太裝備、海洋工程裝備及高技術船舶、先進軌道交通裝備、節能與新能源汽車、電力裝備、農機裝備、新材料、生物醫藥及高性能醫療器械。

要達成這些目標，勢必得彎道超車。所以西方擔心，中國除了加強科學研究之外，也可能進行強迫性的科技轉移、海外購併，甚至產業間諜，以合法和非法手段取得這些科技知識。所以美國要求中國不能強制要求科技轉移，同時為了防止中國科技真的超越美國，才有前面提到的科技戰。

科技戰是從貿易戰衍生出來，然後獨立發展的競爭領域。至於貿易赤字與減少政府補貼國企兩者的優先順序，美國發現，要中國改變國家資本主義的體制難度太大，所以還是以減少貿易赤字為優先。於是在二〇二〇年一月，川普任期快結束前，美、中達成第一階段貿易協定，中國承諾購買價值二〇〇億美元的貨物以平衡貿易。

拜登上台，乾脆也端出美國自己的國家資本主義和中國對抗，就是二〇二二年的晶片法案。晶片法案補貼美國的半導體製造商，也對在中國大陸投資設廠的半導體產業，給予一定的限制。自由貿易的精神在美、中對抗之下，幾乎蕩然無存。

安全與韌性的供應鏈

拜登政府上台以後，美、中較勁並未趨緩，新冠疫情跟俄烏戰爭讓國際政治經濟發生進一步的變化。因為美中貿易戰，供應鏈開始離開中國往南移，長鏈變成短鏈，整個世界變得更加破碎。原本，許多國家的經濟與供應鏈，都倚賴中國龐大的人口和經濟規模，一旦中國又要封城或者周邊爆發戰爭，定會影響全球貿易，各國和企業不得不分頭投資，分散風險，建立更有韌性的供應鏈。

過去，以生產成本為比較利益的考量，現在轉而強調安全和韌性為考量，而造成破碎的供應鏈。當安全和韌性的重要性高於成本，不計生產成本的經濟進而推高物價，在全球各地爆發通貨膨脹，全球自由貿易因此被第二度被摧毀。

供應鏈的安全變成重要的考量。二〇二五年一月三日，美國總統拜登宣布，否決美國鋼鐵公司以一四九億美元出售給日本製鐵的交易。拜登的理由就是安全，擔心日鐵買了美鋼之後，為了與中國競爭，會把一些製程委外，在成本較低的地方生產。這將會影響美國的安全。

支持這項購併案的人表示，阻擋這項交易會影響美、日關係，也將讓日本企業對投資美國開始猶豫。但是拜登心意已決，端出安全為由，否定了這項交易。

以前國際貿易講究的比較利益，現在已經為安全與韌性取代。強調安全，可能就不會是最便宜，生產成本增加，通貨膨脹上升的大趨勢應該會持續。

不過，也有學者指出，供應鏈斷裂之後，生產變成多中心，每一個中心的員工減少，管理變得比較容易，反而讓企業在ESG（環境保護、社會責任、公司治理）的治理比容易達標。這是一個衍生的結果，也值得關注。

川普二〇二五年再度上台後，供應鏈又有了新的變化。川普第一任啟動跟中國的貿易戰後，各企業被逼得必須在中國之外，另外再找一個生產基地，以因應地緣政治的變數。這就叫「中國加一」（China plus one）。人們當時最常選的那個「一」，就是越南與墨西哥。可是到了川普第二任，關稅戰砲火四射，墨西哥和越南都有可能被掃到。所以才有企業表示，中國「加一」已經不夠，至少要中國「加二」，亦即在中國之外，另外得再有兩個生產基地才行。還有人被川普的不確定性嚇到，表示加二還是不夠，應該是「中國加很多」（China plus many），才能因應今天詭譎的情勢。於是生產成本被墊得更高，物價也更居高難下了。

美國反制中國的三大法寶——補貼、出口控制、投資控制

美中對抗的情況下，美國祭出三大法寶在經濟上壓制中國：

第一個法寶：補貼。美國政府利用各種補貼，出錢引資，例如，二〇二二年國會通過五二〇億美元的《晶片法案》，引進各國晶片生產商到美國設廠，以及四千億美元的《削減通膨法案》補助美國企業和改革稅收。川普二〇二五年再度上台後，廢棄晶片法案，但對中國的出口管制與投資限制卻愈來愈嚴。川普也加強關稅戰，以關稅來對抗中國。

第二個法寶：出口控制。避免先進科技落入不友善的國家手中，如：**二級制裁**，也就是美國禁止將科技出口給某個國家，第三國若將美國產品轉賣給這個國家，美國將對該第三國實施經濟制裁。

第三個法寶：投資控制。不管美國企業投資中國，或中國資金進到美國投資，都要經過層層審核。

美國祭出三大貿易法寶劍指中國，貨物和資金的自由流動也沒了，全球化就算不是死了，也被各種壁壘所困住了。

美國標準 vs 中國標準

根據聯合國統計，全球被審查、管制和控制的外人直接投資（Foreign Direct Investment，簡稱ＦＤＩ）在二〇二〇年占投資總額五二%，到二〇二一年比例升高到六三%。在這當中，美國的《削減通膨法案》其實就是一個貿易障礙。拜登政府為了促進綠色經濟，補助每人購買一部電動車約七千美元，惟，法案中規定，電動車的關鍵礦物原料，必須有一定比例在美國開採，或者在和美國有自貿協定的國家開採，或是北美洲國家廢品資源回收所提煉。達到此門檻可獲補助三千五百美元，另外三千五百美元，則是補助給電池零件的製造和組裝，有一定比例來自美國的車輛。

法案通過後，來自歐洲的電動車無法在美國打通銷路。印尼也表示抗議，因為該國生產的電動車電池，主要受益於中國企業投資，為此，印尼開始分頭投資，把產線與銷售分開，中國投資的電池賣到其他國家，非中國投資的電池出口到美國。

由於印尼跟美國沒有簽署任何自由貿易協定，因此爭取加入美國主推的印太經濟架構（Indo-Pacific Economic Framework for Prosperity，簡稱ＩＰＥＦ），認為加入這個組織可視同跟美國簽署自由貿易協定，就能開通電動車電池輸往美國的業務。

事實上，拜登在二〇二二年啟動的**印太經濟架構並不是開放市場的概念，它的重點是推動美國標準**，而不是開放市場，因此令印尼跟其他東南亞國家感到意興闌珊。但是後來美國給出的政治訊號是，「如果加入印太經濟架構，即可享有電動車的補助」。拜登政府這一招，頓時挑起東南亞國家的興趣，成功將美國的標準套入亞太地區。

另一邊，中國則力推中國標準——一帶一路倡議，跟美國標準針鋒相對。像是幫助非洲國家鋪設鐵路，將來自中國的車廂、軌道、零件和技術輸入非洲。在這件事我們就看到，世界上沉浸於兩大國的標準，美國有GPS，中國有北斗系統，**美國和中國都在競爭「誰的標準比較普遍」**（圖1-8）。

中國的雙循環戰略

面對美國發動的全球圍堵攻勢，習近平在二〇二〇年中共政治局會議中提出「新發展格局」，採取雙循環的對應措施，其概念如下（圖1-9）：

外循環：打開市場，促使世界各國更依賴中國，提高脫鉤的難度。習近平的構想跟鄧小平不同，**鄧小平是要帶領中國走向世界，習近平則是將世界引進中國，進而透過一帶一路推銷中國標準——國家資本主義**。美國川普築起貿易壁壘，中國則大開進口博覽

圖 1-8　美國標準 vs 中國標準

美國標準

· 印太經濟架構重點是推動美國標準，並非開放市場
原先：東南亞國家興趣缺缺
美國說：參加印太經濟架構視同自貿協定，即可享受電動車補助
結果：東南亞國家態度大為轉變→可推動印太經濟架構

中國標準

· 一帶一路實際就在推動中國標準
中國幫非洲國家蓋鐵路
→軌距、車廂、車內各科技標準中國說了算

圖 1-9　中國的雙循環戰略

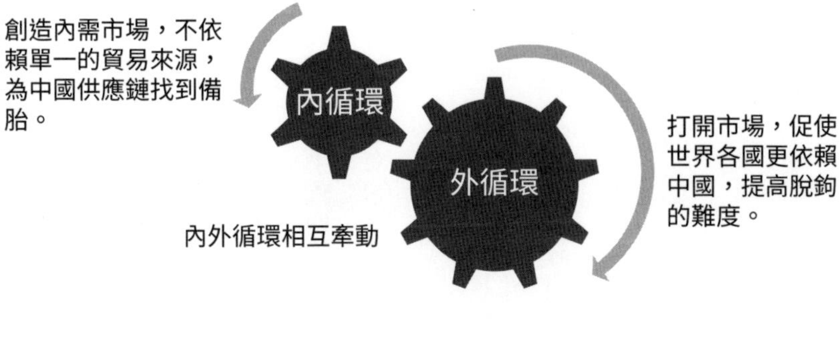
創造內需市場，不依賴單一的貿易來源，為中國供應鏈找到備胎。
內循環
外循環
內外循環相互牽動
打開市場，促使世界各國更依賴中國，提高脫鉤的難度。

會，從以前的廣州進出口交易會（廣交會）、上海國際進口博覽會（進博會）、北京國際供應鏈促進博覽會（鏈博會），招商引資。

內循環：習近平同時結合毛澤東的自力更生和鄧小平的改革開放兩個理念，創造內需市場，不依賴單一的貿易來源，為中國供應鏈找到備胎。

然而，雙循環政策卻有它的困難。首先，外循環是吸引各國匯聚中國市場，但外資前往中國卻受到本國更嚴格的審查和障礙，願意配合（或符合）中國要求的海外投資者只會愈來愈少。更重要的是，美中關係緊張和疫情大規模封城帶來的效應，中國市場顯然無法保障投資者，於是外國企業紛紛離開中國。

高齡化趨勢和勞動成本上漲，也釀成中國內循環的難題。為了緩解人口老化，鼓勵國人生育，隨之而來的是，需要龐大的稅收支應社會安全網，然而中國政府並沒有配套措施去應付這些問題。內循環能不能振興經濟，其實還要看政府與民間企業的關係，也就是政商關係。過去一段時間，民間企業是被壓抑的，中國經濟明顯呈現「國（企）進民（企）退」的現象。但從二〇二四年底開始，這種現象出現改變。北京開始重新支持民企，提出多項政策向民企輸送資金，原來被打壓的馬雲也開始復出。政商關係出現微妙的變化。在新的政商關係下，民間的創造力是否能被完全釋放，從而振興國家經濟，大家都在看。政商關係也絕對是觀察中國政經情勢的絕佳視角。

晶片戰爭

本來大家以為，在歐美實施各種貿易管制下，中國會相應開放，實際情況是，中國也沒有樂於開放，還對天然資源和產品的進出口施以嚴管。根據歐盟二〇二三年發布的統計，中國壟斷全球九四％的鎵和八三％的鍺，這些都是製造晶片的稀有礦物。二〇二三年中國反制西方削弱中國的科技產業，遂決定禁止鎵和鍺出口。美、中兩國互相管制出口的動作，引發了全球性的晶片戰爭。

目前局面互有輸贏，但判定誰贏誰輸尚言之過早。可以篤定的是，國際政治經濟已不再是強調全球自由貿易的氛圍，代之而起的是全球供應鏈破碎化的新格局。

07 RCEP生效後的亞太經濟情勢

美中貿易戰開打之後，供應鏈南移到東南亞，接下來，我們來看一下東南亞的經濟形勢。

紙黃金的威力

區域全面經濟夥伴協定（Regional Comprehensive Economic Partnership，簡稱RCEP）的本質，其實就是對照美國的跨太平洋夥伴全面進步協定（Comprehensive and Progressive Agreement for Trans-Pacific Partnership，簡稱TPP）所創立的區域經濟框架，是美中對抗的產物。

二〇二二年一月一日RCEP開始生效，陸續有十五個國家參與，包括中國、東協十國、日本、韓國、澳洲、紐西蘭和印度（後來退出），占全球三〇%的人口都在RCEP框架之內。二〇二三年菲律賓通過申請程序後，RCEP架構全面生效，成員國之間實施關稅減讓。

根據中國貿易促進會的資料顯示，二〇二二年一月至二〇二三年四月，中國簽署超過二十二萬份RCEP原產地證書，涉及金額九〇・七三億美元，預估為中國產品減免關稅約一・三六億美元。原產地證書讓出口國的貨物，在進口方享有關稅減免，所以原產國證書又被稱作紙黃金。

RCEP跟TPP最大的差別就在原產國證書，RCEP相關的規定比較有彈性——只要六〇%的生產過程在某國內完成，該國就可算是原產國。二〇二三年九月底出刊的《經濟學人》就指出，亞洲區域內的貿易不斷增加，已經成為一種新的經濟模式，一九九〇年亞洲區域內的貿易只占其總貿易量的四六%，至二〇二三已經達到五八%。因為RCEP在成員國之間實施關稅優惠，關稅減讓使整體的交易成本大大降低，區域內的貿易環境相較於歐美和其他國家，顯得更具優勢，因此使得亞洲區域內的貿易日益蓬勃。

日趨蓬勃的「內貿」市場

二〇一〇年，亞洲區域內的外國直接投資FDI占比為四八%，二〇二三年已提高到五九%，這當中還沒有計入香港和新加坡的FDI。

鑒於亞洲區域內的經濟整合不斷加速，中國、香港、台灣、日本、韓國和新加坡的對外投資亦明顯逐年增加。資金流入孟加拉、印度、印尼、馬來西亞、菲律賓、泰國，這些受益國都有兩個特色，一是經濟和社會基礎相對較弱，二是相對年輕和有活力。

根據《經濟學人》的統計，亞洲的消費力持續增加，印尼、馬來西亞、新加坡、菲律賓和泰國拔得頭籌，這些國家的進口額，在二〇二三年至二〇二八年之間，估計將以每年五·七%的速度增加。可見，東南亞乃至整個亞洲，是一個龐大、年輕、有吸引力且持續成長的新興市場。

08 一帶一路與新地緣經濟

習近平提出的一帶一路（或稱帶路倡議），其目標不外乎為了抗衡以美國為首的西方陣營，帶領中國從亞洲西部開始突圍。

歷史上的絲綢之路成地緣競合標的

所謂的一帶是指「絲綢之路經濟帶」，從中國長城東段，沿著中亞、俄羅斯一直往西延伸到東歐的歐亞大陸；一路是指從上海向南推進至東南亞，再往西橫跨印度洋朝波斯灣跟非洲大陸的範圍，稱為「海上絲綢之路」。習近平一帶一路發想源自中國歷史，他想要在歐亞大陸重現漢唐時期的榮景，築起中國的經濟紐帶。

中國不是唯一藉絲綢之路建立區域話語權的國家，土耳其就曾根據絲綢之路為基礎，以結合突厥民族之名，於二〇二一年將突厥國家合作委員會（Cooperation Council of Turkic Speaking States）整頓為突厥國家組織（Organization of Turkic States），成員包括土耳其、亞塞拜然、哈薩克、吉爾吉斯和烏茲別克。還有哈薩克發起的絲風計畫，甚至

圖 1-10　全球多條絲路計畫

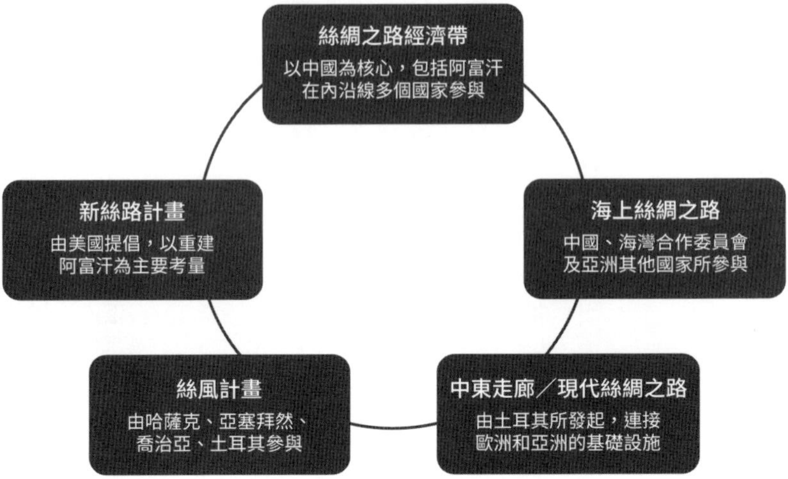
絲綢之路經濟帶
以中國為核心，包括阿富汗在內沿線多個國家參與
海上絲綢之路
中國、海灣合作委員會及亞洲其他國家所參與
中東走廊／現代絲綢之路
由土耳其所發起，連接歐洲和亞洲的基礎設施
絲風計畫
由哈薩克、亞塞拜然、喬治亞、土耳其參與
新絲路計畫
由美國提倡，以重建阿富汗為主要考量

美國也曾在二〇一一年以新絲路計畫為名，推動以阿富汗為中心的中亞經濟藍圖（圖1-10）。

但是，前述這些以絲路名義發起的倡議，相比起來，中國一帶一路的投入和成效是最為可觀的。

中國的構想，涵蓋地緣政治和地緣經濟兩大戰略考量。以地緣政治而言，由於世界上主要的水路通道，如巴拿馬運河、蘇伊士運河、直布羅陀、波斯灣等，都掌控在西方陣營手中，中國作為陸權大國，亟需突破西方陣營利用水路築起的海上封鎖線。因此，中國在歐亞大陸各國大興鐵路工程，設想用火車突破西方水上封鎖。

在國際經濟考量的部分，通過在海外各國大量投放基建工程，中國可以去化以鋼鐵為主的過剩物資。另一個用意是跟陸上相呼應，突破往南海上的西方圍堵，最終，建造以中國作為核心的地緣經濟體系。

地緣政治與經濟的結合

談到地緣經濟，二〇一四年十月二十四日習近平宣布成立亞洲基礎建設投資銀行（Asian Infrastructure Investment Bank，簡稱亞投行、AIIB），同年十一月初，又宣布在帶路倡議下加碼四百億美元的絲路基金，協助周邊國家互聯、互通。銜接二〇一三年中國金磚國家組織（BRICS）的新開發銀行（New Development Bank）以及上海合作組織開發銀行，促成一個涵蓋地緣範圍廣闊的政治經濟圈。**中國的各種動作，被西方世界定調為重寫國際金融的遊戲規則，建立以中國為中心的財經體系**（圖1-11）。

我們先看一下金磚國家。金磚國家是一個由新興市場國家組成的國際組織，二〇〇一年，美國高盛公司首席經濟師吉姆．奧尼爾（Jim O'Neill）首次提出「金磚四國」（BRIC）的概念，這個字來自四個國家的英文國名開頭字母所組成，這四個國家

圖 1-11　從中國財經體系看地緣政治與經濟的關係

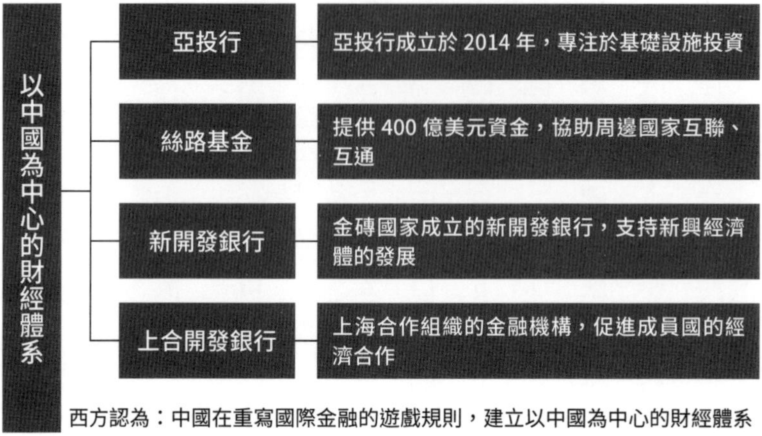
以中國為中心的財經體系
亞投行
亞投行成立於 2014 年，專注於基礎設施投資
絲路基金
提供 400 億美元資金，協助周邊國家互聯、互通
新開發銀行
金磚國家成立的新開發銀行，支持新興經濟體的發展
上合開發銀行
上海合作組織的金融機構，促進成員國的經濟合作
西方認為：中國在重寫國際金融的遊戲規則，建立以中國為中心的財經體系

分別指巴西（Brazil）、俄羅斯（Russia）、印度（India）和中國（China），發音同英文的「磚塊」（brick）一詞。二〇一一年南非加入，金磚成為五國，英文縮寫成為BRICS。

二〇二四年，埃及、伊朗、衣索比亞、阿聯正式加入，金磚國家成員國增加到九個。沙烏地阿拉伯和金磚國家保持密切關係，但並未正式加入。

二〇二五年一月一日，印尼、馬來西亞、泰國、玻利維亞、古巴、烏干達、白俄羅斯、哈薩克、烏茲別克等九國，應邀加入成為夥伴國，金磚的合作機制也擴大到十八國。這十八個國家，涵蓋了世界大約一半的人口，超過四一％的GDP。

更重要的是，金磚集團是一個從中國往西，經中亞、南亞、到中東，橫跨這一大片土地的國際經濟組織，而且是一個沒有美國參加的國際組織。成員國想在西方之外，自己走出一條不受西方主宰的道路，意圖相當明顯。北京和莫斯科也就抓住這個趨勢，想打造一個多極的世界。只不過，金磚國家想要成為一個能和西方抗衡的經濟集團，實力還遠遠不夠。

第一，金磚集團本就是一個鬆散的集團，成員國之間有自己的恩怨。印度與中國的關係已經夠複雜，俄烏戰爭開打之後，金磚國家也不是都願意站在俄國這邊。第二個障礙是美國的威脅。金磚國家倡導成員之間用本幣交易，甚至倡議發行自己的貨幣。川普在還沒上台前就威脅，若金磚國敢發行自己的貨幣，出口到美國的商品就要徵稅一〇〇％。要發行一種取代美國的貨幣，現階段本來就很困難，再加上川普的威脅，金磚集團要想發揮抗衡美國的作用就更難了。

第二，地緣政治影響到地緣經濟。二〇二五年加入的夥伴國名單中，就沒有越南。越南遊走在美國和中國之間，非常享受這種左右搖擺、兩邊得利的外交關係，所以對於

圖 1-12　中國「一帶一路」路線圖

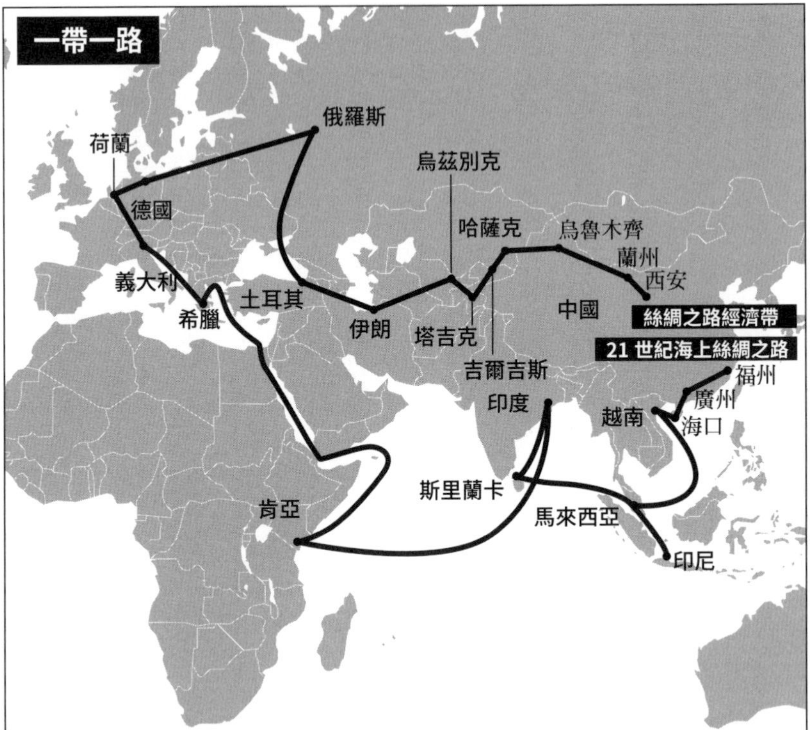

中國的一帶一路戰略，在 2013 年正式倡議，分為南北兩條路線，把整個歐亞非大陸都包進中國的影響力範圍。2012 年，美國總統歐巴馬也提出「重返亞洲」策略，中美雙方一起拉開「後冷戰時代」的序幕。

（繪圖／林家琪）

是否加入金磚集團也特別謹慎。

另一個採取謹慎態度的是土耳其。一直到二〇二五年金磚集團兩次增員擴編，土耳其都還沒加入成為夥伴國，充分體現出其搖擺國的外交特性。整體來說，金磚集團本身並不是多麼團結的組織。

中國的重心都在一帶一路（圖1-12），並無心經營金磚集團，而且這也不是中國能完全控制的主場。金磚是高盛的分析師創造出來的名詞，不像一帶一路烙有習近平的印記，是只許成功不許失敗的外交工程。

很多人把一帶一路想得太簡單了，認為中國向外推動基礎建設，不過是為了去化國內過剩的產能而已。也有人認為，一帶一路是中國布下的債務陷阱，先幫第三世界國家作基礎建設，工程結束對方無力還款時，再要求以原物料或港口管理權相抵。最典型的例子是斯里蘭卡的漢班托塔港。

其實，中國推一帶一路不只是為了去化產能，更有突破西方圍堵，在世界作重點布局的戰略目的。至於債務陷阱這種說法，除了漢班托塔港以外，倒是還沒有看到其他大型的陷阱。以中國現在的經濟狀況來說，要援助他國，首先還是要評估對方是否有償債能力，較不可能「設個陷阱希望他還不起」。

帶路倡議從二〇一三年出台，十年來看，經過好幾個階段的演化，不斷改變、持續擴張。二〇一三年從基礎建設開始，設定四大目標——政策諮商、鐵路互通互聯、促進貿易、人民幣交易，現今已發展成跨區域的全球發展大藍圖，二〇二三年涉及一帶一路的國家總計已經有一百五十四個，內容也愈來愈多樣化。

中國的基建布局

那麼，在一帶一路之下，哪些國家獲得最多的基礎建設項目？根據英國廣播公司BBC二〇二三年的統計，印尼是東南亞地區獲得最多投資項目的國家，總值二〇三億美元。在中亞地區，中國下注一二〇億美元在哈薩克進行基建投資，巴基斯坦得到總計二七三億美元的工程。

隨著數位經濟的大趨勢，中國也推出各種數位項目（數位絲路）來拓展勢力範圍，就連北極航線也被納入發展範圍（冰上絲路），還有健康絲路、太空絲路、綠色絲路、孔子學院，各種發展項目都跟習近平的招牌政策一帶一路扣緊。

帶路新趨勢

一帶一路倡議，近年來慢慢從硬體建設轉向軟體開發，亦即所謂的數位絲路、綠色絲路。

早期，拉丁美洲國家對於一帶一路興趣缺缺，此處也不是中國興趣之地。隨著逐步轉向軟體領域的開發，至二〇二三年中國倡議一帶一路十周年之際，已經有二十二個拉美國家加入。中國加大與拉美國家合作的力度，瞄準關鍵技術所需的稀有礦物，特別是與軍事先進科技有關的鋰礦，包括鋰儲藏量達全球五八%而被稱為「鋰三角」的智利、玻利維亞和阿根廷，以及出產銅礦的巴西。不過川普再度上台後，情勢又有了變化。巴拿馬在美國的壓力下，退出一帶一路，其他國家會如何反應，就很值得關注。

西方的反制布局：新香料之路與羅必多走廊

西方提出連結歐洲、中東與印度的新香料之路，試圖豎起連線，堵住巴基斯坦的喀拉蚩和瓜達爾，明顯是衝著中國與巴基斯坦合作的，長達三千公里的大型工程計畫——中巴經濟走廊（China-Pakistan Economic Corridor）而來。

另外一個西方抗衡一帶一路的地方落在非洲，中國一直在非洲各國鋪設鐵路網，美國現在也跟進，與歐盟聯手要在非洲蓋設鐵路，二〇二三年提出計畫在剛果、尚比亞、安哥拉一帶，建設長達一千六百公里的羅必多走廊（Lobito Corridor）鐵道。

「發展」吊燈下的政治阻力

不管是中國的經濟擴張，還是西方的反擊，進度與力道都受到政治的影響。比如說，歐美的新香料之路雖然得到印度的配合，但中東地區戰事連連，政局動盪不安，成效不如預期。中國的中巴經濟走廊計畫也遇到不少棘手問題，占巴基斯坦面積四四%的俾路支省也被納入計畫中，然而這個最大的省面臨分離主義勢力的威脅，二〇二三年八月十三日，俾路支人以報復中國幫助巴基斯坦為理由，對中國工程車隊發動襲擊。

進言之，一帶一路並非位於權力真空之處，中國是從各國的後院進入腹地，當中國的滲入愈來愈明顯的時候，各國內部會產生即將遭中國宰制的危機意識，於是會有愈來愈多的反彈。習近平以一帶一路起家，不可能放棄這個政治議程，唯有採取質變的措施，例如從直接投入基礎建設，調整為較間接的數位發展，去規避與他國的摩擦。

09 石油與美元

一九四四年的布雷頓森林會議，確立了美元跟黃金掛鉤，並由美國帶領成立國際貨幣基金組織與世界銀行，其他參與國則將本國貨幣釘住美元的匯率，直到一九七一年才脫鉤。

一九四四年七月，第二次世界大戰結束前夕，同盟國在美國的布雷頓森林進行談判，在這次會談中確立了戰後國際金融體系。根據會議決議，將交由美國帶領成立國際貨幣基金組織（International Monetary Fund，簡稱IMF）和世界銀行（World Bank），透過這兩大組織，將美元對黃金的價格固定為每盎司三十五美元。也就是美元跟黃金掛鉤，其他參與國則將本國貨幣釘住美元的匯率，當時叫做布雷頓森林體系，或者布雷頓森林制度。

布雷頓森林體系的瓦解

布雷斯頓體系支配西方資本主義世界很長一段時間，直到一九七〇年代，美國受到貿易財政赤字衝擊，美元和黃金之間的固定比價關係才難以為繼。一九七一年美國總統尼克森宣布美元跟黃金脫鉤，布雷頓森林體系從此瓦解。

美元的新婦——石油

為了挽救美元並確保美國的財政安全，美國政府開始用國際石油貿易作為突破口。一九七四年，美國和沙烏地阿拉伯達成協議，美國對沙國出售武器，保障沙國不受以色列的軍事威脅；同時，沙烏地阿拉伯所有石油出口都以美元計價，將石油出口盈餘用來購買美國債券，作為美國安全保障的交換條件。

一九七五年，由全球產油國組織起來的石油輸出國家組織（Organization of the Petroleum Exporting Countries，簡稱OPEC）通過集體決議，以美元作為石油的唯一計價貨幣，美元因此重塑它的信譽，重建它在國際貨幣金融體系中的優勢地位。從此才有一個名詞叫石油美元。

美元優勢仍在

從一九七〇年代開始，美元透過石油貿易獨領風騷，各國貨幣都不得不屈服於美元霸權。如今，中國逐步崛起，人民幣也想要瓜分石油市場，沙烏地阿拉伯和委內瑞拉兩個產油國，改換以人民幣進行石油交易。

儘管面臨中國挑戰，美元的主導地位依然穩固不倒，絕大部分的國家還是使用美元計價石油。美元為什麼那麼重要呢？前政治大學國關中心主任何思因教授在其著作《霸權貨幣的地緣政治課》（二〇二三）中指出，貨幣有三種基本功能，分別為：交易媒介、計價單位和儲值。當中可以切割成國家和個人兩種層次，故總結來講有六種功能。

在交易媒介方面，個人層次屬外匯交易，國家層次則是干預市場；計價基準單位方面，則有個人層次的貿易計價基準，及國家層次的匯率基準；儲值方面，分別是個人的投資和國家的外匯存底。美元在前述六種功能裡面都具備領先地位。

美元地位難以撼動的原因

今天，美元之所以獲得青睞，主要原因如下三點：

第一，美國是世界最大經濟體。美國的金融市場、股市、債市、大宗貨物的期貨交易等都相當健全，人們使用美元投資暢通無阻，隨時隨地都用得上。

第二，美國是世界上最強大的國家。第一點提到，美國是全球規模最大的經濟體，從軍事力量和政治影響力的角度來講，美國依然是目前最強大的國家，它在世界八十個國家有駐軍，基於安全保護傘和懼怕美國武力的考量，多數國家還是選擇跟著美國走，這層關係強化了各國使用美元的動機。

第三，美國制度完善，政治穩定。美國擁有健全的法政系統，高度重視財產權的保護，增添美元的吸引力。

要論美國在世界上的影響力，美元、美軍外加政治和法律的保障，在國際局勢發生突發狀況時，美元便會順勢上漲，因為避險效益最高，這是其他貨幣難以扭轉的現實。

10 氣候變遷與國際政治經濟

氣候對國際政治經濟有什麼影響？阿薩姆紅茶變難喝了！北極融冰造成海平面上升，但巴拿馬運河卻快要乾了！這些生活事件都可管窺政經情勢的變化。

氣候對國際政治經濟有什麼影響？氣候變遷是現在的熱議話題之一，國際政治經濟當然不能不考慮氣候。氣候變遷對國際政治經濟造成影響，在兩個方面體現出來：第一個是氣候造成的環境影響，另一個觀察點則是，世界各國和國際組織為了對抗氣候變遷所做的努力。

從紅茶和水源說起

阿薩姆紅茶是印度特產之一，因氣溫逐年升高的緣故，茶葉品質和口味不如以前，產量也變少，紅茶的生產線一直往印度北部推移。

印度出產的茶葉占全球將近三一%，阿薩姆紅茶又占全印度茶葉的五五%。阿薩姆省因氣候變遷而導致品味、產量和產地受到影響，當地經濟必然受波及，使阿薩姆地區的分離主義、貧窮、動亂問題變得更嚴峻。

水源是另外一個典型例子，可以篤定地說，因為氣候變遷的影響，爭奪水資源的國際衝突必然變多。比方說，愈來愈多國家大興水壩工程，用以發電和蓄水，但是水壩於上游攔水，必然對中下游國家造成水源供應的威脅，北非的尼羅河和中南半島的湄公河已經出現這類問題。這些都是氣候變遷給國際政治經濟帶來的問題。

巴拿馬運河快要乾了

氣溫升高，天氣變得更為炎熱，乾旱、缺水問題遍布全球，也間接衝擊全球經貿的現況。二〇二三年十月，巴拿馬的降雨量創下七十年以來的新低，調節水位高低的湖水不足，單日航運量從二〇二三年十一月初開始，被迫調降到只有二十五艘船隻。二〇二四年二月降到十八艘船，比起正常的運量減少約五〇％。美國東部和亞洲之間的商品，如液化天然氣、農產品和運輸都受到影響。

北極航道與海平面上升

氣候暖化也加速北極冰山的融化，以及因此出現的北極航道，使船隻可以在北極航行，中國的一帶一路裡的冰上絲路就是在北極的項目。北極圈周遭的國家，包括美國、俄羅斯、加拿大、中國和北歐國家，都對北極資源垂涎三尺，未來在北極新開發出來的航道，勢必成為國際另一個角力場域。川普二〇二五年上台後，揚言要拿下格陵蘭，著眼點除了天然資源外，也是北極航道。

冰山融化連帶海平面上升，直接威脅南太平洋島國的生存，這些國家擔心，若海平面持續上升，有朝一日將被海水淹沒。所以，未來哪一個大國能帶領南太平洋島國面對氣候威脅，將得到這些島國的政治支持。

南太平洋島國過去一直被認為是美國的勢力範圍，由日本和澳洲幫忙鞏固。從日本到澳洲，剛好構成一條縱軸，為西方守住在南太的利益。尤其澳洲，更像南太地區的土地、城隍，和太平洋島國有著緊密的經貿與軍事合作關係。

可是這種緊密關係，卻讓澳洲在面對南太平洋國家時，顯現出傲慢的態度，沒能對南島國家的氣候問題感同身受。英國BBC在二〇二二年六月八日的一篇報導指出，二〇一九年，斐濟總理巴依尼馬拉馬（Frank Bainimarama）曾經炮轟時任澳洲總理莫里森，指其「非常有冒犯性和高姿態」，並指責他稱斐濟是澳大利亞在太平洋的「後院」。

「斐濟不是任何人的後院——我們是太平洋大家庭的一分子。」他說。

澳洲自由黨領袖達頓（Peter Dutton）也曾被鏡頭捕捉到，拿海平面上升對太平洋島國的影響來開玩笑，當時的總理艾伯特（Tony Abbott）還在他旁邊一起笑。

在澳洲看來或許是小事，也已經過了好幾年，但BBC說南太平洋國家一直耿耿於懷。所以他們有擺脫澳洲氣焰，引進另一大國來平衡澳洲影響力的想法，也完全可以理解。而所謂另一個大國就是中國。

中國的一帶一路本來就有一條線延伸到南太平洋，現在更有了一個借用環境議題切入，拉攏南太平洋國家的機會。眼看中國勢力進到美國勢力範圍，美國大為緊張。於是，拜登於二〇二二年找了南太平洋島國元首到白宮開高峰會議，並在南太平洋加開領事館，美艦也開始在南太平洋巡航。二〇二四年澳洲剛上任的工黨政府，也在環保問題上急起直追，好挽回南太平洋國家的支持。

南太平洋一下熱鬧起來，是地緣政治，也是全球暖化催生出來的新現象。

對抗氣候變遷：歐盟的嘗試與煩惱

第二個觀察的角度，是各國與國際組織為了對抗氣候變遷所提出來的規範。

舉例來說，為了因應氣候變遷，歐盟議會在二〇一九年通過綠色協議，要求農民減少殺蟲劑跟肥料五〇％的使用量，二〇三〇年開始，二五％的農產品必須為有機農產，這將使農產成本升高，物價跟著上漲。其他還有減少對柴油拖拉機的補貼，鼓勵使用再生能源；要求減少農畜數量，降低牲畜排放的溫室氣體。

歐盟的綠色經濟議程讓農民措手不及，二〇二四年年初從德國、法國、比利時、荷蘭、波蘭到羅馬尼亞，從西歐到東歐，農民紛紛走上街頭表達強烈抗議，農民封鎖道路，供應鏈受到影響，目的是呼籲歐盟議會改變政策。農民的憤怒，刺激了歐洲極右派勢力抬頭，在二〇二四年歐洲議會選舉中得到更多的支持。

所以，氣候變遷延伸的問題都是環環相扣，從環境到經濟，再從經濟到政治。

11

政治後面有經濟，經濟後面有政治

大批企業進入越南，讓越南的選擇變多，台商抱怨，越南人談判的態度相當傲慢，但傲慢不是越南傳統的談判風格，而是國際政經情勢給它的底氣。

國際政治經濟的局，必定跟最新的情勢相互整合，我們可以將地圖攤開來看，現在世界正面對著什麼問題，例如全球化趨於碎片化、西方陣營包圍中國的布局、中國向西突圍的一帶一路、石油美元屹立不搖，以及氣候變遷催生新的國際衝突，這些都是當前非常熱門的話題。

政治和經濟是一體的，布局全球經濟的投資計畫，必須跟著政治趨勢走。川普在二〇二五年重返白宮，高舉讓美國再次偉大的大旗，對抗競爭對手中國。他採取的策略，是先振興美國經濟，包括減稅、法規鬆綁、回歸化石能源、提升美國政府的效率、製造業重新回到美國。為達到這個目標，川普主張從海外撤軍，主張盟國必須更公平地分攤軍費，不願讓美國繼續扮演世界警察的角色。美國的外交也將因此回到孤立主義。

國內實力提升之後，美國乃有餘裕因應中國的威脅，或與中國競爭。拜登政府強調的供應鏈韌性在川普時代還會持續。台積電會繼續被要求分散在不同國家生產，原本就因為疫情打亂的供應鏈將更為破碎化。這裡面你可以看到多少政治與經濟的糾葛。

美中貿易戰開打之後，供應鏈南移，許多工廠移到越南設廠。大家搶進越南，但越南的基礎建設跟不上，電力供應吃緊。另一方面，大批企業進入越南，讓越南選擇變多，和外國企業談判的氣勢也比較高。有台商抱怨，越南人談判的態度相當傲慢，但傲慢不是越南傳統的談判風格，而是國際政經情勢給它的底氣。

中國和緬甸的關係，也是一個政治影響經濟的典型。中國和緬甸本來有一個在伊洛瓦底江上游的密松大壩合作計畫，被稱為「海外三峽」，耗資八十億美元，從二〇〇九年開始興建，是世界第十五大水力發電廠，建成之後九〇%的電力輸往中國。

伊洛瓦底江是緬甸的母親河，在母親河上游建壩發電，有對環境造成破壞的疑慮不說，將九〇%的電輸往雲南更讓緬甸人不滿。大壩在緬北克欽邦境內，緬甸政府與中國簽約，完全未得到克欽族同意，也造成中央和地方的緊張。二〇一一年，緬甸朝野開始和解，政府對克欽邦的態度也變得柔軟，所以緬甸政府告知中國將不繼續興建密松大壩了。北京責問緬甸怎麼可以出爾反爾，雙方開始就賠償問題展開談判。

二〇二二年情勢又發生變化。二〇二一年二月一日，緬甸發生政變，在國際制裁下日漸孤立，只能往中國與俄國靠攏。為了得到中國的援助，緬甸軍政府告訴中國，經過再次評估成本與環境衝擊，緬甸覺得密松大壩還是可以建造。密松大壩是經濟，是中國一帶一路的項目，但它的建與不建，又全是政治考量。

緬甸的政變其實是可以預測的。前面提過，掌握國際情勢不是給你一個水晶球，預測什麼事一定會發生，但有些事情還是可以想像得到。

例如，為什麼緬甸政變發生在二月一日？因為那天緬甸新一屆的國會議員要宣誓就職。緬甸雖然開始民主化，但並不完全，軍方仍掌握許多權力。翁山蘇姬領導的全國民主聯盟議員選前就高調表示，就職後要修憲追回軍方手中殘存的權力。軍方認為，釜底抽薪的因應之道，就是讓這些國會議員就不了職。如何就不了職？就是發動政變。理由？「選舉舞弊」就是最好的理由。

所以如果你在緬甸有產業，看到全國民主聯盟議員在選前的高調，就應該警覺到二月一日應該有事會發生。如果你有盯著局勢看，緬甸真的發生政變了，接著就要想，國際會對緬甸提出什麼樣的制裁，我們的企業在制裁之下，會有什麼機會或受到什麼衝擊，以及該如何因應。這一連串的連動反應，應該變成我們的必備智能。

前面這十一篇都是「國際政治經濟」棋盤裡面的子題，提供給讀者一個繼續觀察的脈絡。每一個子題其實都可以寫成一篇論文，甚至一本書，但我們介紹的是一個框架。大家可以依個人興趣，將其豐富化。但是記得：政治後面有經濟，經濟後面有政治。任何分析或規劃，如果只想到一半，是不夠的。

Part 2

第二個框架
趨勢

大局

趨勢

外交工具

決策過程

戰爭與和平

軼聞故事

整合思考

01 科技發展的趨勢

趨勢就是一種流動的方向，觀察人跟錢怎麼流動，貨物跟武器怎麼流動，以及科技發展的變化，看懂趨勢的推移與變化才能掌握關鍵。

前面的單元我們談了「局」，在這個單元我們談「勢」。所謂趨勢，包括科技發展、金錢流動、貨物流動、人的流動、武器流動和世代變遷（圖2-1）。首先，先從科技的趨勢開始談起。

從太陽能到ＡＩ

一九九〇年代，專家們推測，哪個國家能開發太陽能及處理二氧化碳的技術，它就可能是二十一世紀的世界強權。當時的日本在這兩項研發技術中投入非常多資源，大家肯定日本在二十一世紀的發展勢頭不容小覷。後來發現，其他領域的先進技術也來插隊，奈米科技、生物科技等，取代太陽能和二氧化碳處理的位階，而今日的科技趨勢又跨入人工智慧（ＡＩ）、半導體和量子運算的領域。我們很清楚地看見，趨勢會隨著時

圖 2-1　趨勢下的各種面向

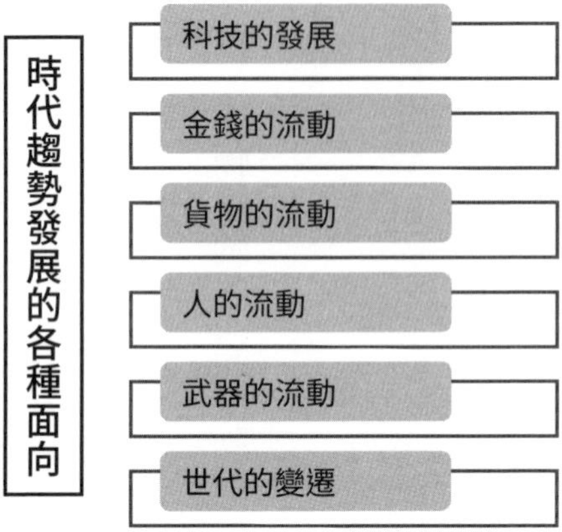
時代趨勢發展的各種面向
科技的發展
金錢的流動
貨物的流動
人的流動
武器的流動
世代的變遷

圖 2-2　如何觀察科技趨勢

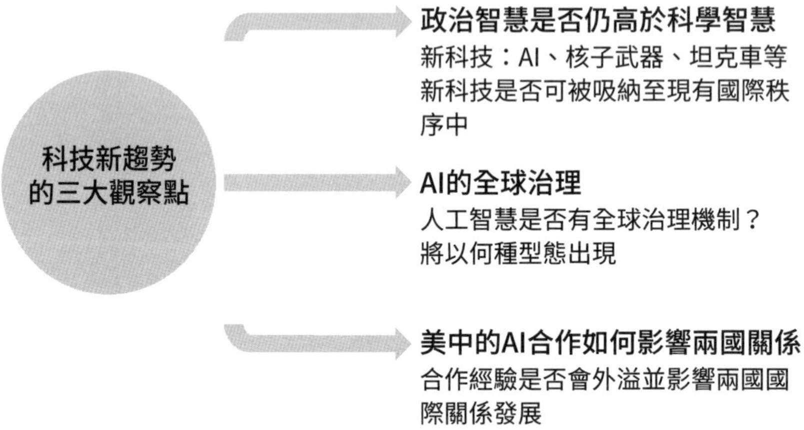
科技新趨勢的三大觀察點
政治智慧是否仍高於科學智慧
新科技：AI、核子武器、坦克車等
新科技是否可被吸納至現有國際秩序中
AI的全球治理
人工智慧是否有全球治理機制？
將以何種型態出現
美中的AI合作如何影響兩國關係
合作經驗是否會外溢並影響兩國國際關係發展

間推移而改變和調整。

ＡＩ的發展需要大數據中心，而大數據中心仰賴強大的水、電力供應，以致於當前國際輿論紛紛討論發展ＡＩ產生的環境代價；而生成式ＡＩ可大量產出不實的資訊，走向「真假莫辨的世界」是另一個ＡＩ技術引人擔憂的趨勢。打開Google網頁搜尋研究文獻和報告，就算認真爬梳資料，裡面卻有很多可能是假的。一個新加坡律師曾告訴我，他請ChatGPT幫他找一個判例，結果ＡＩ給他的是一個從來沒有發生過的判例！倘若我們引用這些資料來撰寫論文，肯定會造成研究的誤導性。新科技的出現，不只是改變人類的生活形態，更把我們帶向一個充滿未知數的世界。

觀察科技趨勢三鋩角：以ＡＩ為例

從國際政治角度而言，所有新科技、新技術，均有三個需要額外留意之處（圖2-2）：

第一，**人類政治智慧與科學智慧的落差**。從古至今，科學智慧的進步創造許許多多的發明，例如火車、坦克車、飛機、核能、航天、太陽能、飛彈、半導體、晶片等，需要人工投入的部分愈來愈少。但是我們也發現，**人類的政治智慧還是能夠操控這些新的**

科技和技術，並且吸納到現有國際秩序的架構裡面，並加以規範。核子武器發明後，被稱為絕對武器（the absolute weapon），因為核武一旦使用，戰爭將沒有輸家。很多人擔心國際秩序將會因核武的出現而崩解，可是這種擔心並沒有成真，國際社會還是發展出一套法律與建制，規範核武的生產與擴散。人類的政治智慧，還是高於政治智慧。

可是ＡＩ帶來翻天覆地的變化，人工甚至人類的智慧被ＡＩ取代，ＮＶＩＤＩＡ創辦人黃仁勳提出主權ＡＩ論，其目標是各國研究發展各自的ＡＩ技術，減少對他國ＡＩ的依賴程度。未來ＡＩ技術不斷優化，人類的政治智慧能否高於科學智慧，將ＡＩ納入國際秩序的規範？

第二，全球治理。二〇一九年新冠疫情爆發，世界衛生組織（World Health Organization，簡稱世衛、ＷＨＯ）召集各國頂尖醫生、科學家和公衛專家，集思廣益，協調各國如何克服新冠病毒，此即典型的全球治理機制。現在，人們提到規範ＡＩ，會不會也需要一個對應的全球治理機制，引導各國研發和使用ＡＩ技術？

第三，大國的科技競合。雖然美國與中國在諸多領域互不相讓，惟兩國在ＡＩ科技卻有合作，他們都想努力創造一個全球機制規範ＡＩ。易言之，研發ＡＩ是全球問題，人們都擔心ＡＩ會造成跟以往完全不同的威脅，而美、中兩國於ＡＩ合作的經驗會否外溢到雙方的國際關係呢？

綠色金屬

俄烏戰爭開打之後，俄羅斯將石油和天然氣當作國際政治舞台攻防的武器，長期依賴俄國油氣供應的歐盟國家，拒絕屈從於普丁的政治壓力，唯有悟出新方案以另謀生路。首先是**改向裏海周遭國家購買油氣**，像是亞塞拜然，同時向美國、日本採購液態油氣，歐洲能源供應的轉向改變了世界的能源地圖。

除了尋找替代能源供應國，歐盟也開始著手轉向**小型模組化的核能發電**，以及**鼓吹再生能源**，開發新的電池。因此，歐洲國家對鎳、銅、鈷的需求暴增，這衍生出《經濟學人》雜誌提到的新趨勢：哪個國家掌握大量綠色金屬，或者哪個國家提前部署綠色金屬的開採，這個國家就可能成為未來的綠色強權。印尼、智利、玻利維亞、阿根廷、巴西、中國等，都成為各國競相爭奪綠色金屬的競技場。

當然，如果是缺乏綠色金屬的已開發國家，依賴從他國進口銅、鎳、鈷，為了不想被外來供應所束縛，**電池回收技術及研發全新電池的趨勢開始浮上檯面，進而影響未來**

對稀有綠色金屬的需求。這是俄烏戰爭激起的另一個科技趨勢。綠色金屬的發展、潛在綠色強權崛起，以及替代綠色金屬的新技術，是觀察未來國際政治趨勢的方向。

科技趨勢與投資布局

倘若我們是對綠色金屬頗感興趣的投資者，計劃去盛產綠色金屬的國家發展，事前務必要觀察該項新科技、新技術的發展趨勢，即綠色金屬可替代性程度如何。第二個觀察是政治因素，不要忘記政治跟經濟永遠是相互影響的關係。決定去投資之前得看看政治因素，如能源轉型觸發勞動供需和市場價格的變更，無形中加劇既有的貧富懸殊，進而波及一國的政治秩序。也就是說，新科技出現會不會動搖政治現況，然後反過來打亂科技趨勢。

例如二〇二五年川普上台後，不承認有氣候問題，主張回歸如煤炭、石油、天然氣等化石能源。所以我們在準備繼續投資新能源時，也要重新評估該國政治對科技發展方向的衝擊。

02

金錢流動的趨勢

國際資金跟政治、經濟有高度關聯。縱觀全球，東南亞、印度和非洲都是海外投資特別感興趣的市場。

第二個可以觀察的流動趨勢，是國際資金流向，資金跟政治、經濟都有高度關聯。以政治為例，二〇一九年香港發生反送中運動，很多資金就移到新加坡，造成新加坡的物價、房價、薪資等跟著看漲。如果從經濟上來看，海外投資肯定是往人口年輕、勞動力充裕、工資便宜、中產階級蓬勃發展的地方流動。縱觀全球，結合政治和經濟因素來看，**東南亞、印度和非洲都會是海外投資特別感興趣的市場**。

承接東亞金流而崛起的東南亞

前面談過，在地緣政治上各國都在布局東南亞，東南亞自然成為國際資金的目的地。美國的印太戰略、中國的一帶一路、台灣的新南向、韓國的新南方政策、日本的湄公河流域計畫、印度的東進政策，都在東南亞交會。錢是跟著政治走，各國爭相拉攏東南亞，當然錢也要跟著來。加上東南亞國家的人口相對年輕、勞動力充沛、市場蓬勃，自然成為投資客爭相進入的地方。沒有人會願意投資一個人口老化、工資跟津貼高，但是員工跑不動、跳不動的地方。

美中貿易戰開打後，供應鏈南移，所以台灣不少金融機構紛紛在東南亞成立分行，以承接來自北方南移的資金。**越南是因美中貿易戰受惠最多的東南亞國家**，它鄰近中國，跟美國關係不錯，而且是CPTPP和RCEP成員，整個投資環境相當友善，跨國企業和投資者都把金流轉入越南。

然而，**如今印尼的經濟勢頭已經超越越南**，佐科威政府大膽清除貿易壁壘，減少對海外投資的繁文縟節，以及強化基礎建設的素質，創造開放和友善的市場氛圍。新上任的印尼總統普拉伯沃也承諾延續前朝的經濟路線，國際上資金遂從越南往南搬到印尼。

蠢蠢欲動的南亞巨象——印度

第二條資金流動的方向落在印度。根據聯合國二〇二三年的統計，印度總人口數高達一四．二八億，取代中國成為世界上人口最多的國家，而且印度的年輕人口（二十五歲以下）占二五％，未來勢必成為全球勞動力市場的主幹。第三個吸引國際金流的因素是語言，英語是印度的共通語言，大大降低海外投資者的溝通障礙。印度整體的投資潛能相當可觀。

國際資金離開中國轉進印度，讓兩國龍象賽跑的格局出現新的變化。以前，中國憑著效率、科技、基礎建設和勞動力的優勢領先印度。可是現在情況不同，莫迪執政下的印度，吸收了大批海外投資者，當中不乏原本落腳中國的資金，讓中、印競爭難解難分。彭博社在二〇二三年一月三十一日的一篇報導指出，中國和印度的股票市場逐步拉開，中國往下降，印度持續爬升，在全球資產配置方面印度也大幅超前中國，可以看出來，印度這頭南亞巨象充滿投資潛能。

經濟成長的飛毛腿——非洲

俄烏戰爭爆發之後，非洲聯盟組織一個使團，到俄烏兩國調停戰火，普丁和澤倫斯基不見得把非洲的意見納入決策考量，非洲國家當然也明白這個道理，但是**非洲必須告訴全世界：在俄烏戰爭這件事上，我們非洲是有聲音、是有立場的**。

二〇一八年十月，台北市進出口公會出版的《貿易》雜誌，是這樣描述非洲的：非洲是全球經濟成長最快速的地區之一，根據ＩＭＦ報告顯示，過去十年非洲的整體經濟成長率幾乎年年都高於全球平均水準。近年為尋求持續性的經濟發展與突破，許多非洲國家也正積極營造更友善的投資環境以吸引外資進駐，無疑成為台商前進新南向國家外的另一個投資新契機。

其實非洲各個國家的發展並不齊一，有的有內戰，有的經濟仍未有顯著起色，二〇二四年十月二十四日法國廣播電台的一篇報導相對中肯，文中指出：

「排除因內戰陷入嚴重經濟衰退的國家蘇丹（負一五．一%）和南蘇丹（負七．八%），不少於十七個國家將在二〇二四到二〇二五年獲得五%至九．七%的經濟增長率。如盧安達將在二〇二四年實現七．六%的經濟增長，塞內加爾將實現九．七%的增長，成為非洲大陸二〇二五年經濟增長最強勁的國家。該國經濟增長得益於對農業現代化及基礎設施的持續投入，以及石油和天然氣開採帶來的收益。隨着『塞內加爾二〇二五』願景的啟動，農業與基礎設施建設也將獲得大力發展。塞內加爾總統換屆在和平中平穩完成，國際貨幣基金組織曾一度將該國二〇二五年的經濟增長調升至一〇．一%。而他的鄰國茅利塔尼亞也會因相同的因素在二〇二四年實現經濟增長六．五%，二〇二五年達七．八%。茅利塔尼亞可謂地大物博，除石油天然氣儲量豐厚外，還擁有漫長的海岸線和豐富的鐵、金、銅金屬礦藏。」

除了非洲本身豐富的礦藏之外，其經濟成長的關鍵在於全球供應鏈轉移。隨著全球供應鏈重組，生產基地正在從中國、東南亞轉移到印度，並遷向非洲。在經濟成長的過程中形成的中產階級，正預示著非洲將成為「世界市場」。

非洲不僅接手來自美國和歐洲的資金，繼美國陸續撤出中東地區，沙烏地阿拉伯轉而進行本身的國際布局，決定把資金投向阿拉伯海以西的非洲國家。中國資金也積極在非洲各國下注，中國企業大興土木，四面八方的金流頓時讓非洲市場活絡起來。

當年的脆弱五國，現在……

二〇一三年，美國金融大亨摩根士丹利（Morgan Stanley，簡稱大摩）形容**南非、巴西、土耳其、印度**和**印尼**是「**脆弱五國**」，認為這些國家高度依賴外國投資，金融基礎不足以應付變化，隨時會因外資撤離導向經濟崩盤。

曾幾何時。印尼跟印度不再脆弱，倒過來成為國際資金爭相進入的目的地。印尼有佐科威，印度有莫迪，兩國領導人任內大推經濟改革，一改大摩十年前給他們貼上的標籤。巴西和南非的經濟也逐步起飛。所以說，**國際政治的觀察，要隨時根據最新狀況修**

正，如果沒有根據實況調整，便會錯過很多投資的機會。

德國從中國抽出的資金投向美國

根據《金融時報》整理的資料，德國在二〇二三年對美國的承諾投資金額創新高，從二〇二二年的八十二億暴增到一百七十五億美元；在外國對美國投資承諾的金額中，德國的新建設或擴大投資都占約一五%，高於前一年的六%。這個數目遠高於前一年德國對中國的承諾投資（五十九億美元）。先不談承諾和實際投資的落差，可以確定的一個事實是：**德國資金逐漸從中國市場抽身並轉入美國**。

拜登政府的《晶片法案》和《降低通膨法案》總計撥出四千億美元，涵蓋抵稅優惠、貸款和補貼，目標是振興美國製造業，並加快能源轉型，於是德國資金被美國的新政策所吸引。

03 貨物流動的趨勢

美中貿易戰是觀察貨物流動的最佳例子，為了避免高關稅，中國轉由墨西哥、越南過水，將產品輸入美國。美國究竟要如何跟中國貿易脫鉤？

第三個趨勢是貨物的流動，美中貿易戰開打，從川普上來打到拜登，又到川普上台，民主黨取代共和黨，又被共和黨取代，貿易戰還在膠著當中。美國對中國出口的貨物繼續徵收高額關稅，中國企業便把眼角掃向美國以南的墨西哥。因為墨西哥跟美國有自由貿易協定，中國想要藉由墨西哥作為產地以躲避美國關稅，再將產品從墨西哥輸往美國。另一條線在越南，中國企業在越南組裝半成品，把產地標籤改成越南，進而以較低關稅出口到美國。

想脫也脫不了的鉤

就如《經濟學人》所說，美國雖然想跟中國脫鉤，但中國透過墨西哥和越南將產品進口到美國，顯然中國還是有很多途徑可以規避美國高額關稅，換個方式，照樣有辦法

圖 2-3　美國對中國脫鉤對貨物流動的兩大影響

跨洲貿易、航運減少

- 原先：中國需長途跨越太平洋
- 現在：中國直接於墨西哥生產
- →區域內貿易增加

美國與越南的貿易逆差增加

- 中國很多貨物至越南轉口再賣往美國
- 未來美國是否跟越南進行貿易談判成為熱門話題

做到美國人的生意，顯見脫鉤不是一件容易的事。

大批中國貨物經由墨西哥與越南「過水」輸往美國，增加了美國與越南和墨西哥的貿易逆差，美國當然不可能無動於衷。所以拜登和川普都揚言要對墨西哥進口的汽車徵收一〇〇％關稅，川普更是劍及履及，第二任上任後立刻對墨西哥加徵二五％的關稅。檯面上的理由是對墨西哥施壓，要其顧好邊界，不能再坐視大批非法移民和毒品走私進入美國，但墨西哥對美貿易順差太大，絕對也是美國加徵關稅的重要原因。於是墨西哥在川普就任前就宣布，要減少與中國的貿易關係，向川普遞出橄欖枝。即使未能成功阻止川普對其加徵關稅，但貨物的流動方向，肯定會因此改變。

從國際政治經濟的角度來看，脫鉤單純是一種說法，實際上很難執行。

脫鉤對貨物流動的影響

美國對中國實施的脫鉤措施，對貨物流動產生兩個影響（圖2-3），第一個是跨洲貿易量減少，全球長途貨櫃航運也大為減少。從中國直接運送到美國的商品減少，反之，區域內的貿易增加，從墨西哥出口到美國的產品（包括中國企業的製成品）增加。

第二個，是美國來自越南的進口產品愈來愈多，貿易逆差升高。這不禁讓人思考，將來美國會否對越南實施高關稅政策，值得持續觀察。畢竟美、中之間的貿易糾葛，跟美國對中國的貿易逆差太懸殊有關。

04 人流動的趨勢

觀察世界各國留學生、難民、移工的人數消長，可以略見兩國外交是否暗潮洶湧，或是產業政策正在變化。

關於國際上人的流動，可以從三個面向說起，**第一個是留學生，第二個是難民，第三個是移工。**

留學生

我們常常講，留學生到哪一國，學成歸國就可能帶來那一國的文化素養和價值觀，或者對會對那一國產生深厚的情誼，將來會影響國與國之間的發展。所以，各國都非常重視留學生相關的政策。

以前，美、中交情甚好時，中國流行到美國留學，直至美、中關係陷入低潮，中國留美風氣也減弱，美國也定下各種針對中國學生的監管措施。儘管如此，根據中國政府二〇二一年的統計，美國、澳洲、英國、日本和加拿大，依舊是中國留學生最多的國家。而中國和印度的學生占美國留學生五〇％以上。

自從二〇二〇年開始，美國不再是中國留學生的首選，到英國深造的中國學生超越美國。二〇二二年八月十一日《華爾街日報》指出，根據美國國務院的資料顯示，二〇二二年上半年，美國向中國公民發放三萬一千五十五份F-1留學簽證，低於二〇一九年同期的六萬四千二百六十一份，也就是說，選擇到美國留學的中國留學生下降了五二％。

隨著印度的崛起，印度到美國深造的學生數目則逐年增長，如果留學美國的印度人持續增加，且願意在美國落地生根，開枝散葉，進入美國各產業，包括政治、科技、商業等，則印度人在西方世界的影響力將不斷擴大。比如說，英國前首相蘇納克就是印度裔、美國前副總統賀錦麗有印度血統，矽谷的科技人才也有龐大印度裔。長遠來看，留學生增加以及隨之而來的龐大移民，將來會左右美國和印度的外交關係。

根據統計數字來看，二〇一九年上半年美國發出一萬七千三百九十二份F-1簽證給印度學生，遠少於中國留學生；到了二〇二二年，頒給印度人的F-1簽證反超中國，總計四萬七千九百四十四份，留美的印度學生增加二・七六倍。數字的反轉，恰好反映出美國與中國、美國與印度的關係正在發生變化。

難民

二〇一〇年阿拉伯之春爆發後，整個北非陷入動盪，大批難民想跨越地中海逃亡歐洲，義大利是第一個受影響，接手難民的歐洲國家。這些難民申請簽證，然後又遷移到其他歐洲國家，**義大利因而肩負起「堵住」難民潮的第一道牆**。

二〇一一年三月，敘利亞內戰爆發，加劇中東難民湧進歐洲的浪潮，大量難民經由北邊的土耳其進到巴爾幹半島，再遷入歐洲大陸，所以，**地中海和巴爾幹半島就成為兩條中東難民進入歐洲的主要路線**。

可是，基督教和伊斯蘭教長期不和，歐洲並不歡迎中東難民。中東難民勢必在歐洲國家衍生文化衝突和社會分歧，衝擊各國的政治板塊，尤其是引起右翼保守黨派的反撲，例如，英國脫歐、法國國民陣線、德國另類選擇黨，都跟難民議題息息相關。因此，**歐盟希望土耳其幫忙把關，擋住並篩選中東難民**。土耳其因為收容大量難民經濟負荷加重，便向歐盟索取收容難民的經費，且歐盟不得向埃爾多安施加外交壓力，否則土耳其將打開國門，讓大批中東難民湧進歐洲。土耳其**因為難民議題的洗牌，以及關鍵的**

地理位置，提高了對歐盟的談判籌碼。

德國是少數以開放態度收留中東及北非難民的歐盟國家，前任德國總理梅克爾基於人道理由接納大批難民，激起德國極右派民粹的反彈。他們想要脫離歐盟的框架，由自己國家決定難民政策。二〇一七年英國掀起脫歐運動，自主的難民政策也是英國脫歐派的論述主調之一，動搖了歐盟各國的內政與外交。

俄烏戰爭爆發之後，又多了一股來自烏克蘭的難民潮，大部分難民進入波蘭和斯洛伐克躲避戰火。隨著時間推移，早前以斯拉夫人情懷接納烏克蘭人的情感不再，兩國社會擔心行政、經濟、教育、醫療等資源被瓜分，聲援烏國抗戰的熱情逐漸消散，開始萌生右翼的火苗。簡言之，**難民潮湧入都會刺激一個國家的現況。**

歐洲敵視穆斯林的氛圍給政府和社會帶來壓力，中東難民的待遇因此受到波及。有些遭受欺壓的穆斯林，為了報復歐洲的保守右翼勢力，以及對社會剝削的不滿，策動恐怖攻擊，法國、比利時和瑞典近年發生的恐怖攻擊事件就是典型的例子。

自難民的流動，我們也可以看到一個循環：**難民流動到一個國家，衝擊當地的政治、經濟、社會，難民因當地民眾的成見深化而觸發恐怖攻擊，右翼黨派順著國內對難**

圖 2-4　難民與恐攻與極右派

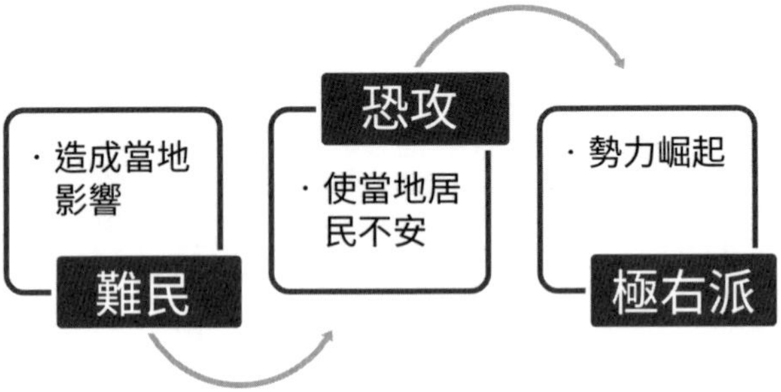
難民
· 造成當地影響
恐攻
· 使當地居民不安
極右派
· 勢力崛起

民的不安與仇恨情緒迅速崛起，刺激一個國家的政局及對外關係（圖2-4）。

一切的一切都有聯動性

前面談到難民潮是因阿拉伯之春而起，那阿拉伯之春又是為什麼爆發呢？二〇一一年，突尼西亞南部一位大學畢業的年輕人，因為經濟不景氣找不到工作，生活困苦，便在街道擺攤販售菜果養家。十二月十七日遭警察攔檢，以無照要求他收攤，這名小販遭受警察暴力而心懷悲憤，累積已久的政治壓迫和社會剝奪感頓時爆發，當場引火自焚。這起悲劇引起社會公憤，民怨爆發，該國總統在各處爆發的暴力抗議中下台出逃他國。

這股反抗獨裁專制的浪潮，一路席捲整

個北非地區，最受矚目的是埃及在位三十年的軍事強人總統穆巴拉克，也被阿拉伯之春給轟下台。

雖然阿拉伯之春最終沒有成功，需要解答的是，為什麼突尼西亞的大學生會自焚？答案是政治貪腐嚴重，以及社會相對性剝削、沒有工作機會。

那麼，突尼西亞為什麼會出現這些問題呢？答案是全球化帶來的人口增長（社經發展趕不上人口膨脹）、普遍性失業（政府短期內無法製造足夠的就業機會回應龐大的人口）、環境污染（政府推行經濟自由化，允許政治寡頭和大企業占用土地資源）、生活壓力（經濟自由化推高燃油成本和日用品物價，減少福利補貼）、貧富懸殊（政治菁英和財閥占用國家大部分的經濟紅利）、社群網絡（加速不滿情緒的網路連結和集體行動）和維基解密（「確認」民眾質疑政府貪污腐敗的懷疑與憤懣），綜合政治腐敗所形成的大規模社會動亂。

移工

阿拉伯之春爆發的原因，除了前面提到的種種，實際上還可以追溯到移工。很多阿拉伯國家，如摩洛哥、埃及、突尼西亞、黎巴嫩和敘利亞，都依靠離開家鄉前往海外工作的移工，所帶回來的經濟收入。這些移工大部分在波斯灣阿拉伯國家和歐洲工作，定期把賺的錢匯回國內。根據統計，埃及就有二百七十萬名移工分布在海外各地，其中七〇%在其他阿拉伯國家，三〇%落在歐美國家，每年匯回大約七十八億美元，這是非常可觀的外部經濟資源。

二〇〇八年金融海嘯發生之後，全球經濟衰退，阿拉伯移工從海外匯回來的資金大為減少，進而影響到這些中東、北非國家的經濟狀況。因為經濟衰退壓縮移工的收入，匯回國內的資金減少，使得阿拉伯國家的經濟也面臨短缺，再隨著失業移工陸續歸國，社會經濟的不公不義持續惡化，才演變成阿拉伯之春的壓力鍋。

05 武器流動的趨勢

和平不能讓軍火商賺大錢，南非種族和解，背後代表的是軍火商必須轉移陣地，前往世界上最有可能發生戰爭的地方。

一九九〇年代，南非的政治情勢緩和，帶動了另外一種流動：武器。南非種族和解，以往政府鎮壓群眾的武器退場，軍火商就要另外找市場。試想想，世界上還有哪個地方跟以前的南非一樣，有激烈的武力衝突，且氣候類似南非般炎熱？中東。

軍火商的鼻子非常靈敏，他們嗅到哪裡有衝突就跑到哪裡推銷武器，台海就是這樣的情形。當軍火商嗅到台海局勢緊張的時候，就紛紛往亞洲各國去推銷武器。

中國是陸權國家，陸權國家要出海就會引起海權國家緊張，東南亞各國也因中國的蠢蠢欲動感到緊張，紛紛整備自己的軍事力量。因此觸發東亞區域的**軍備競賽就——和平時期敵對的國家或潛在的敵對國家互為假想敵，於軍事裝備展開品質與數量的競爭。**

軍備競賽帶動國防預算增加，大批的軍火商前來銷售武器。軍火商不一定是美國，中國、韓國、俄羅斯、印度、歐洲都是世界武器的供應商。有時候，軍火交易不一定跟軍事掛鉤，它後面也有龐大的經濟利益。我們常聽聞一個名詞：軍工複合體，即軍事跟工業相互結合，軍火商向政府進行遊說、推銷，希望影響政府的外交政策，也為他們拓展銷售的管道。

軍火商的鼻子非常靈敏，哪裡有衝突他就往哪裡跑，遊說衝突當事國購買武器，只要一個國家買了，另外的國家就會跟著買，一場軍備競賽就這樣火上加油被點燃起來。

國與國的軍事合作

除了一國主動加強軍備，以及軍火商的推波助瀾之外，國家之間的軍事合作，也是觸發軍備競賽的另一個因素。以俄國和北韓的軍事關係為例，北韓提供武器與人員，幫助俄羅斯打俄烏戰爭，俄羅斯則以提供北韓高端的衛星與太空技術作回報。俄羅斯也有可能因此改變態度，轉而同意接受北韓是核武國家。一旦北韓正式成為核武國家，南韓、日本必定大為緊張，也會開始加強自己的武裝，這下又會讓中國加強戒備。一個惡性循環的軍備競賽就這樣在東北亞被引爆。

06

世代變遷的趨勢

除了美國，連續上任七、八十歲的總統以外，世界上其他國家，已經陸續由年輕一代接班成為國家領導人，國際局勢是否會因世代變遷有不同風貌？

世代變遷是一個非常重要的趨勢，不管是領導人或人民，許多國家正處於世代交替的時候，但美國是例外。

放眼看看其他國家，年輕一代的新世代國家領袖逐一出現，北韓的金正恩、沙烏地阿拉伯的沙曼王子，烏克蘭總統澤倫斯基等人，都屬於新世代。他們跟拜登、川普、普丁、習近平屬於不同的世代，新舊世代對國際政治的想法當然也不一樣，有不同的動機、不同的價值觀。

緬甸的世代

二〇二一年緬甸爆發政變，軍人推翻翁山民選政府，重返執政大位。但這時的緬甸社會，已經不再像上個世紀那樣逆來順受，他們不願意忍受高壓統治，民眾拿著鍋碗瓢盆到街頭敲打，反軍政府運動充滿一種**嘻哈風**，軍人想盡辦法鎮壓也沒有成功。

二〇一四年台灣的太陽花學運、二〇一九年香港的反送中、二〇二〇年爆發的泰國群眾抗爭，都跟世代有關，就連塔利班也存在世代因素。阿富汗戰爭打了二十年，難道二十年前的塔利班跟二十年後的塔利班會是一樣的嗎？

抖音與選舉

新世代使用不同的媒介看世界，抖音取代 Facebook、X 變成重要的網路選舉工具，二〇二四年二月印尼大選，選民對抖音的著迷程度看得尤其清楚。繼承佐科威的普拉伯沃，現年七十二歲，他面對的印尼選民有一半以上是四十歲以下的群體，網軍在印尼根本就是一個產業，**他們不斷在 TikTok 上塑造普拉伯沃的親民形象，而非推銷候選人的政見和政策**。

每個國家都面臨世代交替的衝擊，現在要預測一國的選舉結果，誰可能獲勝，或將來新任的國家領導人可能採用什麼樣的外交政策，不能不考慮世代交替的影響。

總結

科技流動、資金流動、貨物流動、人的流動、武器流動、世代變遷，這些都大局裡面的趨勢，我們把這些勢當作背景，對上前面講的局，如此，整個國際政治便會成為立體、完整、豐富的面貌。

Part 3

第三個框架
外交工具

大局

趨勢

外交工具

決策過程

戰爭與和平

軼聞故事

整合思考

01

軍事工具

軍事工具，第一想到的是戰爭，國家如何導向戰爭？軍事同盟之間的關係該如何觀察？能引戰，更重要的是如何退場。

每一個國家的外交政策都有它的目標，而從政策的起點到目標都需要工具，採用什麼外交工具必然會影響國際關係。在國際政治舞台上，大概有四大外交工具——軍事、經濟、宣傳、外交。以下我們從軍事工具開始談起。

軍事工具四面向

軍事工具不外乎**國家發動戰爭**，通常，在國際政治裡可以從四個面向切入（圖3-1）：

第一個，國家決策：國家怎麼決定要不要對外用兵。

第二個，軍事結盟：軍事同盟的組成和運作。

圖 3-1　觀察國家發動戰爭的四面向

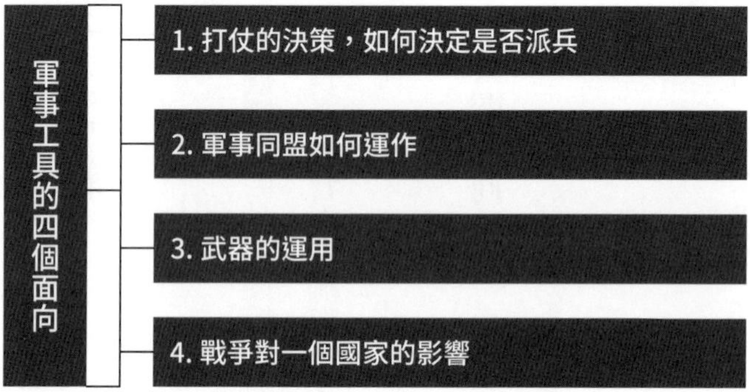
軍事工具的四個面向
1. 打仗的決策，如何決定是否派兵
2. 軍事同盟如何運作
3. 武器的運用
4. 戰爭對一個國家的影響

圖 3-2　派兵的後續

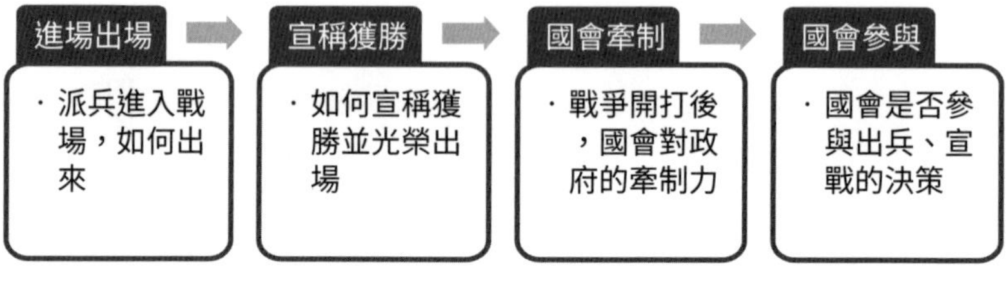
進場出場
· 派兵進入戰場，如何出來
宣稱獲勝
· 如何宣稱獲勝並光榮出場
國會牽制
· 戰爭開打後，國會對政府的牽制力
國會參與
· 國會是否參與出兵、宣戰的決策

第三個，武器運用：國家採用哪些軍備和武器，及其規模、殺傷程度等。

第四個，戰爭影響：戰爭對一個國家的影響。

國家決策

當面對外部威脅時，一個國家會採用哪些標準，衡量要不要發動戰爭？學界、政界經常辯論，美國如何決定使用軍事工具以達到外交目標，這基本上，分為幾個問題：一是美國哪些**既得利益受到威脅**；二是該威脅是否具備**攻擊美國的能力**，以及是否具有**攻擊美國的意圖**。這些衡量的標準，同樣適用於其他國家。

一旦決定對外發動戰爭，如何光榮退場、怎麼**定義「勝利」**，都是後續要考量的。如果是民主國家，還要面對**國會對戰爭的牽制力**，看他們是否支持行政部門的戰爭決策（圖 3-2）。

二〇一六年敘利亞內戰期間，歐巴馬政府宣稱，**如果阿賽德使用大型毀滅性武器（核生化武器）鎮壓國內，就是踩到美國的動武底線**。不久後，有消息指出，敘利亞有人使用化學武器，聯合國率先派專家團前往啟動調查，美國因而暫緩出兵，**等待調查結果出爐再決定下一步**。

之後，聯合國確認敘利亞政府有使用化學武器，但美國依然按兵不動。根據歐巴馬的說法，所謂的底線，是阿賽德政府下令動用大型毀滅性武器，調查結果是否能證明政府軍使用化學武器不無疑問，就算政府軍使用化學武器，也**未能確定是否來自阿賽德的指示。歐巴馬的各種理由，其實是擺明不願派兵介入敘利亞內戰**。美國沒有出手，是因為**西方盟友不支持直接的軍事行動**，導致歐巴馬不敢貿然出兵。

當我們看到跟戰爭有關的國際新聞，可以仔細觀察一個國家**用兵的底線劃在哪裡**、什麼條件下它才會出兵、這些國家**怎麼樣在動用武力上猶豫不決**，以及**如何去試探國際盟友的態度**。

不只要會打仗，也要懂得退場

一九六八年至一九七五年的越南戰爭讓美國損失慘重，這場戰爭更教會美國，除了會打仗，也要懂得如何離開戰場。在後來的戰爭決策中，**「我要怎麼出來」成為美國決定發動戰爭的一大特色**。

二〇〇一年美國發生九一一恐怖攻擊，美國布希政府高舉反恐大旗，**有意思的是，到底反恐算不算是戰爭？**以前，美國習慣用較低的成本逮捕恐怖分子，再以司法程序起訴。九一一事件之後，美國面對的是一個包庇恐怖主義的政權和國家，司法程序完全失效，美國沒有能力直接到阿富汗逮捕賓拉登，將他登繩之以法，因此，改以戰爭途徑推翻塔利班政府，剷除蓋達組織，重新整頓阿富汗秩序。

根據美國當局的說法，反恐不求速戰速決，而是長期戰爭。長期戰爭讓美國有更寬鬆跟彈性的離場條件，不必宣稱要達成哪些特定目標才會退兵。然而，美國萬萬沒想到，進軍阿富汗真的變成一場曠日持久的二十年泥淖。再看看二〇二二年俄羅斯突襲烏克蘭，普丁之後該怎麼叫停整個戰爭機器呢？他的戰爭目標是什麼？俄羅斯會在什麼正當理由下撤出戰場？這些都值得我們詳細研究和關心。

國家在考慮採用軍事工具時，都會先設下離場條件。有的國家能順利從戰場抽身，有的則抽身不得；有的退出戰爭又未必能退得漂亮。一九九〇年八月伊拉克入侵科威特，一九九一年一月十七日美國發動第一次波斯灣戰爭，攻打伊拉克；二月二十八日伊拉克戰敗，科威特恢復獨立。這個戰爭結束得很快，但卻結束得不乾淨俐落，因為伊拉克的獨裁者海珊依然在位，仍舊對兩河流域造成威脅，這才有二〇〇三年小布希總統發動的第二次波斯灣戰爭。所以，我們要看的是一個國家發起戰爭，怎麼進，怎麼出，以及是否讓戰爭留下尾巴——結束戰爭但非完全勝利，也沒能建立起新的秩序。

國會對戰爭的牽制力

根據美國憲法，總統掌握的是戰爭指揮權，國會則握有宣戰權，國會往往會設法牽制總統對外用兵。一九七三年，美國國會通過《戰爭權力法案》，總統在對外用兵前四十八小時必須徵得國會同意宣戰，如果沒有獲得同意而堅持出兵，美軍必須在六十天內用兵並且在三十天內離開，以限制總統指揮軍隊的權力和時間。**國會一般會以杯葛國防預算或軍事撥款，進一步強化對總統軍事指揮權的牽制**。

不過，基於國家集體利益為重，國會也有授權總統宣戰的權力，例如，一九五七年第三次中東戰爭和一九八一年波斯灣戰爭，美國國會通過法案賦予總統發動戰爭的權力，直到二〇二三年國會正式取消總統的宣戰權。

為了閃開國會的牽制，美國總統常常不會公開使用「戰爭」一詞來發動軍事行動，而是以「出兵是為了撤僑」、「保護美國公司和經濟建設」等說法，或是採用不同的戰爭型態，例如指示中央情報局使用無人機發動攻擊、通過網際網路發動攻擊等，都是在模糊正式宣戰的界線，規避國會干預總統用兵的權力，以及閃避國會意圖分享戰爭權力的機制。

俄烏戰爭開打之後，戰爭型態有了重大改變。過去是ＣＩＡ派無人機攻擊，還是針對特定對象的小規模狙擊，處於戰爭的灰色地帶。現在是軍方正式將無人機作為攻擊的武器。高加索的亞塞拜然與亞美尼亞的戰爭、烏克蘭在俄烏戰爭後期對俄羅斯的反擊，無人機都扮演了重要的角色，各國競相發展無人機甚至點燃了無人機的軍備競賽。情勢變化之快，讓「ＣＩＡ派無人機攻擊算不算戰爭」，這樣的辯論一下子就過時了。

軍事結盟

分析軍事工具第二個要著重的是軍事同盟，可以再從以下幾個方面細看：

第一，軍事同盟涵蓋的範圍。例如，台海若爆發戰爭，若美國想要軍事介入，它應該以北約組織還是美日安保協定介入？哪個盟約涵蓋到台海。

第二，軍事同盟在什麼情況下被啟動。例如，盟國遭受軍事入侵，就啟動同盟的集體責任。

第三，戰爭爆發後，軍事同盟的成員要承擔什麼締約義務。例如，根據軍事盟約界定成員國的責任，如參戰、防禦、諮商、統籌、後勤等等。

第四，盟國之間的軍事整合程度。例如，盟約裡面某個成員國的軍力太弱或無法按規定分攤軍費，其他成員該怎麼處理這些不對稱的情況。

第五，盟國之間的政治分歧。例如，日本和韓國有長期的歷史積怨，美國該如何調解兩國以建構東北亞的抗中陣營，而這些關係會怎麼波及美、日、韓的國內政治。

被「我為人人，人人為我」搞得焦頭爛額的北約

美國總統川普對北約盟國付出的軍費不足GDP二％的共識耿耿於懷，認為盟國都在搭美國便車，他甚至放話，不保護拒絕分攤軍事支出的盟國。川普打個噴嚏美國和歐洲的關係就出現裂痕。

根據《北大西洋公約第五條》規定，一個成員國遭受他國攻擊，視同對整個北約的攻擊，其他成員國必須即時反應。換句話說，如今北約內有三十二個成員國，其中一國遭到攻擊，等同其他三十一國也捲入戰爭，這就是所謂的「我為人人，人人為我」。因此，可以理解川普的不滿。

由於必須獲得所有成員國同意，才能接納新成員，土耳其便利用此機制，遂行政治目的。當初瑞典申請加入北約，埃爾多安不斷否決，理由是瑞典允許庫德族在國內活動，對土耳其國家安全是一大隱憂。土耳其要瑞典必須先管束庫德族的活動，才可能投下同意票。拜登見情勢不對勁，趕快介入兩國的紛擾，放下對埃爾多安向俄羅斯購買防控系統的成見，答應向土耳其出售先進的戰鬥機。土耳其在得到美國的承諾後轉變態度，於二〇二四年同意瑞典加入北約。

俄烏戰爭期間，北約行事非常謹慎，尤其是對烏克蘭加盟北約一事特別保留，畢竟讓烏克蘭加入北約聯盟等同向俄羅斯宣戰。二〇二四年二月二十四日，法國總統馬克宏表示，俄烏戰爭陷入膠著，北約不排除派兵進入烏克蘭。此話一出掀起軒然大波，其他北約盟國紛紛堅決否認，根本不打算要跟俄羅斯直面衝突，大家都不想扛起「我為人人，人人為我」的重擔。

武器運用

無人機是現今戰爭樣態的新趨勢，它已經從偵測敵情進化到直接發動攻擊。人工智慧是國際趨勢，ＡＩ也有其武器化的一面，無人機和ＡＩ結合網路，便於國家發動低成本、高效益的戰爭。

一個弔詭的點是，耗時愈久的戰爭，愈可能成為新型武器的試驗場。舉個例子，俄軍在俄烏戰爭中嚴重損耗兵力，普丁向北韓金正恩尋求武器支援，而北韓趁機銷售軍備給俄羅斯，以換取武器實際功效的資訊，也可以藉此摸清其他國家的軍備。像是賣給俄羅斯飛彈，然後實戰測試烏克蘭和韓國所使用的美系防控設備，有助於北韓改良軍備，促進武器研發。

戰爭影響

第四個軍事工具的觀察面向，是戰爭對一國外交和社會造成的影響。自第二次世界大戰以後，有三大戰爭促成美國外交政策的轉折，分別是韓戰、越戰和阿富汗戰爭。這三場戰爭都令美國重新思考軍事作戰的思維，檢討外交政策的方向——朝向國際主義還是孤立主義？也就是說，戰爭影響一個國家在外交上走向「放」或是「收」。韓戰之後美國的外交是放，越戰之後，國內反戰思維濃厚，美國的外交是收。

美軍在阿富汗戰爭蹲點作戰二十年，當今檯面上的將領都有阿富汗戰爭的經驗。他們帶著這些經驗回到美國本土，將如何影響美國的建軍思維、外交路線及價值觀的變化，很值得繼續觀察。

以色列也有類似的情形。以色列為了打擊哈馬斯和阿拉伯國家，大肆動員後備軍人進場，這些受過戰爭洗禮的軍人，離開戰場回到職場，會重新思考整個國家和社會需要進行哪些改革，省思以色列對哈馬斯及中東地區的外交政策，當然也會對以色列的政治局勢造成衝擊。

遑論戰爭成敗，每場戰爭都會造成大量人員傷亡及經濟損失，必定會留下創傷，然後這些代價會反應到一個國家未來的發展路徑。

02 經濟工具

經濟工具可以是賞，也可以是罰。符合大國議程換來的是賞，若不聽話，經濟也是懲罰工具。美國就是運用援助與制裁來賞罰他國的箇中老手。

就經濟工具而言，當然包括賞和罰兩部分。賞是各種援助、低利貸款、農耕隊等都算。罰，就是制裁。關稅、禁運（不賣）、杯葛（不買）等都算。

川普對使用關稅制裁他國非常癡迷。他說關稅這個字多漂亮啊。所以凡是不合他意的，他就祭出高關稅制裁。而且不分敵我。只是川普在使用關稅作為工具時，目的常會讓人感到困惑。以二〇二五年二月他對加拿大、墨西哥和中國增加關稅為例，人們從他的話裡面就搞不清楚，他是以增加關稅為談判工具，希望能迫使目標國加強執法，阻止非法移民與毒品進入美國，還是真的為貿易而貿易，迫使目標國加強對美採購，減少貿易赤字，或索性逼迫大廠到美國生產，經供應鏈移到美國？這兩者何者為主，何者為從？

慢慢的，川普推出了多種關稅，告訴世人不同關稅有不同的目的：對加拿大和墨西哥徵的二五％關稅，是為了阻止非法移民與毒品走私進入美國而對他們施壓；對全世界進到美國的鋼和鋁徵稅，是為了平衡貿易逆差；對貿易夥伴徵「對等關稅」（reciprocal tariffs）是為了貿易的公平。目的不同、施行的方法也不同，但都是經濟工具的強勢運用。

賞罰分明的國際政治

如果一個國家「做得不錯」，符合大國的議程，換來的就是賞。不過，獎勵可以不必直接援助，也可以通過盟友來獎賞。美國在反恐戰爭期間，拉攏巴基斯坦加入反恐陣營，美國忙於作戰無暇發糖，日本就主動向美國表示，願意分擔對巴基斯坦的經濟援助。日本藉著分攤援助的操作，減緩美國施加於日本的種種壓力，並扭轉過去因依賴美國而造成的「白搭便車」形象。

國際政治的經濟制裁，通常象徵意義大於實質意義。用意是告訴被制裁國：你這樣做是不對的；同時也向其他國家示警。這是國際政治學理論中的國際象徵。

雖然如前所說，很多國際經濟制裁均屬象徵性，但有時候，「罰」的確是國家之間

圖 3-3　美國的二級制裁

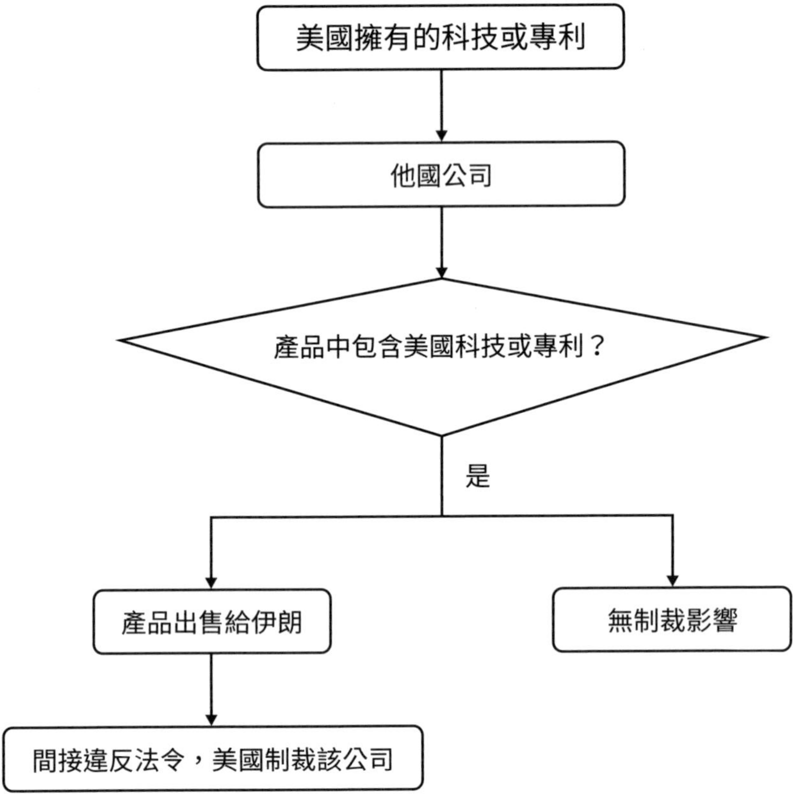
美國擁有的科技或專利
他國公司
產品中包含美國科技或專利？
是
產品出售給伊朗
無制裁影響
間接違反法令，美國制裁該公司

博弈的工具。手段包括：**提高關稅**（美中貿易戰）、**禁運**（一九七三年石油輸出國組織的石油禁運）、**凍結目標國海外資產**（美國凍結俄羅斯政經寡頭的海外資產）、**禁止特定商品輸入目標國**（美國禁止半導體、晶片輸往中國、中國管制稀土出口等）。

然而，**實施經濟制裁往往是殺人一千，自損八百**。一國杯葛某國產品，對方也可以啟動相應的杯葛手段反制；被杯葛國得尋找空缺的產品來源，制裁國也得尋找替代客戶源以消化產能。俄羅斯因為俄烏戰爭，拒絕向歐美國家出口石油，因此找上中國和印度，成為替代歐美國家的消費者。所以，**經濟制裁是兩面刃，純粹看誰撐得比較久**。

美國是經濟制裁的老手

美國對伊朗實施經濟制裁，因此當某國把擁有美國科技或專利的產品賣給伊朗時，就觸犯了美國的二級制裁令，該國也會受到美國的經濟懲罰（圖3-3）。

俄烏戰爭爆發，美國主導把俄羅斯踢出全球銀行金融電信協會，以致俄羅斯的國際交易受到阻礙，外匯買賣市場停擺。此外，西方陣營對俄羅斯的原油出口價格和標準設上限，限制俄羅斯的收入來源，很多國家因而不敢接手俄羅斯油輪的運送跟保險。

如前所述，經濟制裁是損人一千，自傷八百，西方針對俄羅斯的經濟制裁成效不彰，原因有二。一來，俄羅斯運用未經登記的幽靈船運送石油，二來，經濟制裁刺激石油的國際黑市，走私貿易猖獗。到頭來，俄羅斯還是找到對策逃出西方的圍欄，將石油運送到世界各國。

經濟制裁是配套措施

經濟制裁一定有漏洞，不可能像鐵桶一像滴水不漏。愈對一個國家封鎖，愈想走私違禁品到那個國家牟利的人就愈多，幾乎已經變成一個定律。

那為什麼經濟制裁還能成為重要的外交政策工具呢？因為經濟制裁有重要的象徵意義，就是：我方是對的，對方是錯的。先占領到道德高地，就先在氣勢上勝人一籌。

國家在使用經濟制裁作為工具時，都是有配合其他工具一起使用。比如戰爭時，我們主要是用軍事工具，但仍會輔以經濟制裁。進行經濟制裁時，也會用外交工具加以配合。也就是，在制裁目標國的同時，爭取到輿論的支持。這樣成功的機會才會升高。

03 宣傳工具

古巴跟韓國建交是因為古巴人熱愛韓劇？ＡＩ深偽技術讓不實資訊防不勝防，選擇性地散播資訊讓俄烏戰爭資訊真假難辨。這些都是國家的宣傳手段。

報紙、雜誌、廣播、電視頻道、衛星電視、自媒體、社交媒體等屬於宣傳工具，美國的ＣＮＮ新聞台和美國之音、新加坡ＣＮＡ、阿拉伯的半島電視台、中國的中央電視台，都是國際政治的宣傳工具。

時代改變，宣傳工具也改變

在國際政治博弈場上，國家宣傳工具的傳統功能旨在包裝國家形象，不一定需要講假話，而是選擇性的真話，創造及傳播對本國有利的資訊。

自從冷戰開始，宣傳工具開始扮演散播不實資訊的角色，一九六三年美國總統甘迺迪遇刺，蘇聯就散播各種假消息想要擾亂美國社會。今天，ＡＩ深偽技術橫空出世，讓不實資訊更加猖獗。最典型的例子是俄烏戰爭，現在我們看到的戰爭報導真假難辨，有的是俄羅斯散播的，有的是烏克蘭發送的，內容五花八門，不外乎對己方有利，或者抹黑、打擊敵方。

國家品牌的行銷

如前所述，宣傳工具最傳統的功能，是幫助國家作形象包裝，推銷國家的品牌，讓世界更了解並產生好感。所以宣傳工具是協助國家推動外交政策的利器。宣傳工具也愈來愈多樣化，這其中包括該國的連續劇、影集。韓國通過韓流行銷國家形象，把歌曲、舞蹈、電影、連續劇、明星等文化產出推向世界，**二〇二四年韓國與古巴建立邦交關係，就跟古巴人熱愛韓劇有關**。

世界各國都在作宣傳，美國及其西方陣營透過它的國際新聞媒體，播報附帶歐美觀點的資訊；中國、俄羅斯、印度和伊朗，也積極利用他們的國營媒體作大外宣。更嚴重的是，當前宣傳工具放出來的訊息不乏假消息，所以我們看國際政治新聞務必交叉檢證，接收多個新聞來源，相互比對，以避免被單一觀點兜著走。

04 外交工具

宣傳國家形象要高調，但負責外交的官員則要低調行事，也必須在一軌二軌之間靈活轉換，在國際交流的業務上形成互補。

負責善用宣傳工具的國家官員需要大張旗鼓，宣揚政策、推銷國家或影響別國的觀感；但**負責外交工具的官員，行事作風則需要言行低調**。台灣的處境是最顯著的寫照，我們在國際上面對中國的牽制，外交官員要維護台灣的國家利益，**很多事情只能做，不能說**。

一軌和二軌的交流

國際交流分為一軌和二軌。一軌外交是國與國之間的正式交流，二軌是兩國的民間互動。通常，同一個人具備多種身份，他使用哪種身份參加外交活動，決定了交流的層級。比如說，擔任外交官的學者以公職身份出席活動，是一軌外交；以學者名義出席，則是二軌外交。有另一種一點半軌的說法，因為他同時兼具公職跟學者的身份。

一軌和二軌是互補的，許多國家會利用限制較少的二軌外交，先建立起溝通的基礎，再慢慢往上推進到國家正式交流的一軌外交。簡單地說，**二軌會影響一軌的決策**。

公共外交

公共外交是指由政府主導，或是由政府與民間組織協同，透過資訊傳播、文化交流，直接與他國公眾進行溝通與對話，以提高國家形象、獲得支持或增加影響力。城市外交就是一種公共外交，如姐妹城市、城市論壇、城市網絡、智慧城市等，透過城與城的連結，了解彼此的想法、增進彼此的認識，逐漸推動國與國的外交關係。

外交工具的作用和目標

國家使用外交工具可以產生以下作用：

第一，透過建立外交網絡（如公共外交），興起有利於己的國際聲浪，向敵對國家施加壓力。

第二，參與國際組織，擴散交流網絡，傳達國家的想法；無論是一軌或是二軌，外交工具的最終目標都是希望互相了解，互相影響外交政策。

總結

一個國家要達成它的對外政策目的，從起點到終點總共有四大工具可使用，分別為軍事、經濟、宣傳和外交。我們可以挑著個別使用，或合併起來一起使用。

關於合併使用外交工具，典型的例子是**演習**。國際間的演習主題包羅萬象，軍事、海上救援、打擊走私、反恐等。這些活動未必是衝著某國而來，也可以利用演習的名義，邀請友邦或關係較不穩定的國家共同參與。一則透過演習達成主要目標；二則透過演習彰顯實力；三則利用演習建立互信關係。有的時候，**軍事工具也可以變成外交工具、經濟工具、宣傳工具**，四大工具的功能有其可互換的一面。

Part 4

第四個框架
決策過程

大局

趨勢

外交工具

決策過程

戰爭與和平

軼聞故事

整合思考

01 強人政治當道

強人領袖的一舉一動特別引人關注，觀察領袖的決策模式，成為國際政治研究的趨勢。

決策者及其決策方式，是國際情勢中頗受關注的一部分，尤其是當前強人領袖當道的時代，像是中國總書記習近平、北韓國務委員長金正恩、俄羅斯總統普丁、印度總理莫迪、美國總統川普、土耳其總統埃爾多安等人。他們的決策不僅定奪國家的政經走向，也左右區域乃至全球局勢發展。

在學術領域上，國際政治研究劃分為三個層次，**第一個層次是國際體系**，觀察國與國之間的互動及其模式（圖 4-1）；**第二個層次是國家視角**，從一國的角度解讀外交政策；**最後一個層次是決策者**。相關研究基本上可分為六大類：

㈠ 如何決策。

㈡ 領導者如何看世界。

(三)領導者成長歷程。
(四)領導者世界觀。
(五)領導者的家世和社經背景。
(六)決策者的族群背景。

放眼望去，我們的世界出現愈來愈多的強人領袖，研究國際政治的學者把更多精力放在觀察領導者如何決策，以及成為強人的過程，成為一種新的研究趨勢。

圖 4-1　觀察國際政治的三種視角

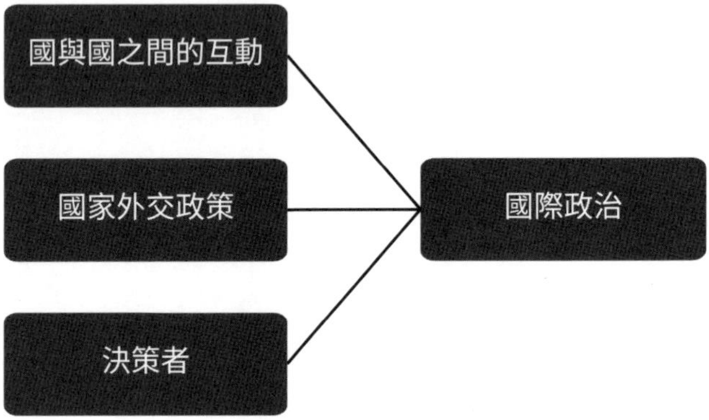

02

誰能影響強人的決策？

強人領袖往往有強烈的自我意識，但研究一國的外交政策，不是著眼於政策內容，而是去看政策產生的過程和結果，以及官僚在其中扮演的角色。

每個國家的領導人背後都有一支幕僚團隊，以協助領導人作出判斷，產生外交政策。而團隊在這個決策過程中扮演什麼樣的角色，一向是「領導者決策」研究中一個很有趣的議題。

幕僚與決策

在研究美國政治的時候，我們首先會翻閱幕僚所寫的**專書**或**回憶錄**，探析他的思路。這位幕僚與總統屬於何種關係、他的判斷和意見在外交政策生成的過程中扮演什麼作用力、總統授權幕僚負責哪些事務，以及這位幕僚在整個官僚體系的分量及職等，都是值得特別觀察的部分（圖4-2）。

圖 4-2　如何觀察總統幕僚

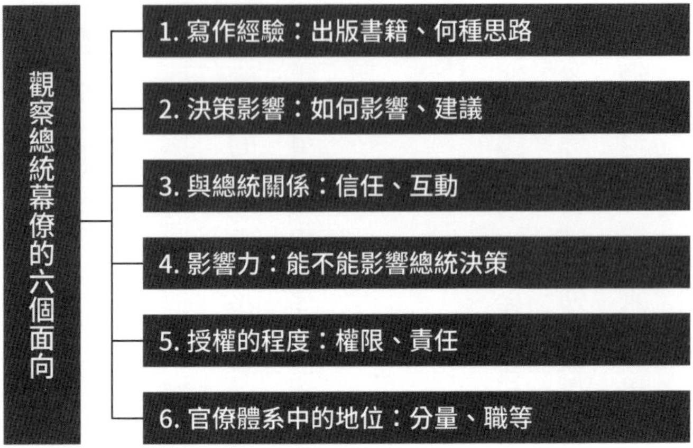
觀察總統幕僚的六個面向
1. 寫作經驗：出版書籍、何種思路
2. 決策影響：如何影響、建議
3. 與總統關係：信任、互動
4. 影響力：能不能影響總統決策
5. 授權的程度：權限、責任
6. 官僚體系中的地位：分量、職等

白宮外交決策的兩顆太陽

在美國的外交決策圈裡面，國家安全顧問（National Security Advisor）和國務卿（United States Secretary of State）是兩個非常重要的職位，這兩個幕僚（團隊）專門幫助總統擬定外交政策。

一般，總統會先傾聽國家安全顧問的簡報，再去接觸國務卿。所以經常發生國家安全顧問和國務卿意見不一致的情況。

歐巴馬就任美國總統前，邀請競爭對手希拉蕊出任國務卿。當時希拉蕊向歐巴馬提出兩個條件，第一是國務院人事希拉蕊說了算；另一個條件是，每天早上國家安全顧問跟總統彙報的時候，國務卿也要在場。希拉蕊的想法是，鞏固國務卿在總統外交決策中的地位，要跟國家安全顧問平起平坐。歐巴馬同意了之後，希拉蕊就將其他事情就交由幕僚去談，自己則和歐巴馬夫人蜜雪兒閒話女人家常去了。

事後證明，歐巴馬和希拉蕊的關係沒有那麼好。儘管歐巴馬承諾國務院人事希拉蕊說了算，但是當希拉蕊提出具體要求時，白宮總是可以找到各種理由摻水或打折扣。希拉蕊當時非常倚重副國務卿郝爾布魯克，歐巴馬的國安團隊卻處處給希拉蕊與郝爾布魯克小鞋穿。好幾次，郝爾布魯克訪問了一個國家，前腳剛走，美國國安會的人後腳就到，並告訴對方，郝爾布魯克之前講的不算數。不久後，歐巴馬與希拉蕊的不和愈來愈檯面化，希拉蕊只做了一任國務卿就不願再連任了。

以上有關歐巴馬跟希拉蕊的矛盾，都是從白宮幕僚的回憶錄所透露。所以，我們必須要從人的紀錄中發掘決策的橋段，分析領導者的決策過程中，有哪些人事物扮演關鍵角色。

決策並不理性

國家領導人都是以理性做決策，第一步是先確定一個國家的目標；第二步盤點領導人掌控哪些資源（工具、手段）；第三步是切分目標並按順序排列，並排除不可行的目標，這個是國家領導人決策的理想模型。

然而實際情況並非如此，理想與事實有很大的落差，**國家領導人的決策涉及不同的部門和官僚，各機構裡的任事人員都有一定的本位主義，各有各的想法，他們在談判，同時也在較勁**。因此學術界才會出現**官僚決策模型**的理論。

我們研究外交政策的決策發現，其實過程並不是那麼理性，而是官僚之間為各自目標彼此談判與較勁，經過一番磨合後，才催生出領導人的決策。

我們**研究一國的外交政策，不是著眼於政策內容，而是去看政策產生的過程和結果，官僚在整個決策過程中占了至關重要的地位**。

03 為什麼聰明的領導人會做出錯誤的決策？

小布希發動伊拉克戰爭、英國短命首相特拉斯的新稅政策、普丁發動俄烏戰爭、習近平上海封城，都被學者評為錯誤決策的案例。

領導人並非天縱英明，幕僚協助判斷制定出的決策也不一定全然正確，因此領導人也是會做出錯誤的決策。美國哈佛大學教授沃特（Stephen M. Walt），二〇二二年十月七日，在《外交政策》（Foreign Policy）上發表一篇文章，討論國家為什麼會做出錯誤的決策。我們藉由他所分析的四個錯誤決策案例，來一一說明。

第一個錯誤決策：小布希發動伊拉克戰爭

二〇〇三年，小布希以海珊政權藏匿大型毀滅性武器（核生化武器），作為美國發動伊拉克戰爭的正當性，最後打倒海珊政權，協助伊拉克建立民主政體，但卻沒發現任何大型毀滅性武器。事後，美國社會瀰漫著政府誤導民眾、小布希錯判情勢，把美國拖入戰爭漩渦的不滿情緒。

後來，美國政府再以幫助伊拉克建立民主，來強化它出兵的決策。然而，學者在回顧這段歷史時提出，**先有分裂的伊拉克，才催生出獨裁的海珊政權，獨裁維持了當下伊拉克的秩序**。美國推翻海珊反而打亂秩序，什葉派和遜尼派的對立加劇，伊拉克變成恐怖主義的溫床，至今未能發展成一個成熟穩定的國家。進而言之，**小布希政府發動戰爭的決定，不僅曝露美國欺瞞社會的嫌疑，還使伊拉克更加動盪**。

第二個錯誤決策：特拉斯導致英鎊貶值

英國保守黨首相特拉斯高舉拯救英鎊為名，在二〇二二年九月上台，不到兩個月，英鎊不升反貶，特拉斯政府的經濟政策完全錯誤，遂在十月二十五日落得狼狽下台。

特拉斯為什麼會犯下嚴重的錯誤？因為**她自視過高，自信心爆棚**，自認為教育背景和社會見地高人一等，以致於她的團隊完全漠視他人意見，結果證明特拉斯的經濟政策完全是場災難。

特拉斯上任後任命的財政大臣，提出「袖珍預算案」這個價值四百五十億英鎊的減稅計畫，引起金融市場劇烈波動，英鎊匯率一度跌到三十七年來最低點。該預算案造成的經濟問題，不但遭到國內指責，還受到國際貨幣基金組織等國際機構的批評。

特拉斯受到國內和國際的巨大政治壓力，被迫撤換掉她所任命的財政大臣。新任命的財政大臣提出了轉向反對黨所支持的經濟政策，這個大轉彎的經濟路線，幾乎全盤推翻她的經濟方案。但她的讓步仍無法平息黨內的反對與黨外的抨擊，上任四十多天後黯然辭職下台。

第三個錯誤決策：普丁發動俄烏戰爭

二〇二二年俄羅斯總統普丁發動俄烏戰爭，目的是阻止烏克蘭加入北約，以及懲罰烏克蘭東部的新納粹主義。無論他的意圖為何，從國際政治角度來看，**普丁其實可以在不發動俄烏戰爭的情況下，達到這些政治目的**。

比方說，普丁大可以維和部隊之名駐軍烏東，「協助」當地的反政府勢力建國，如此一來，進可攻退可守，既能嚇阻澤倫斯基又提高跟西方談判的籌碼，也不會陷入戰爭泥淖中。普丁按下戰爭按鈕，發展反而不如他所預期，北約不斷挹注金錢和武器給烏克蘭反制俄軍，西方則發起對俄羅斯的全面經濟制裁。

蘇聯解體之後，北約版圖東擴，引起俄羅斯的不滿，普丁的底線是烏克蘭和喬治亞不能加入北約。二〇二二年俄烏戰爭爆發，烏克蘭和喬治亞雖未能獲得進入北約的門票，但周遭的中立國家已紛紛倒向西方。芬蘭對俄羅斯的入侵行動感到憂心，便改變外交政策，與瑞典一同加入北約，堵在聖彼得堡在波羅的海的出海口。發動俄烏戰爭後，普丁尚未達到他的目的，卻已經讓俄羅斯周邊都成為北約與準北約國家，鞏固了歐美對俄羅斯的軍事圍堵。

全球溫室效應加速北極冰山融化，北極航道的競逐亦逐步浮上檯面，於是國際上開始討論在北極地區建造新的平衡和秩序。俄羅斯因地理位置，成為各國爭相合作的對象，但這種受歡迎的氛圍在戰爭開打後被攪亂，沒有幾個國家敢冒險跟普丁交流，北極航道的機制也因此停擺。

普丁的冒進之舉適得其反，俄烏戰爭加速北約擴張，波羅的海劍拔弩張，拉長西方包圍俄國的戰線，極具經濟潛力的北極航道被擱置。

第四個錯誤決策：習近平的上海封城

二〇二三年三月上海爆發新冠疫情，習近平決定封城，民間叫苦連天；更嚴重的是企業對投資中國的信心大跌，外資紛紛離場，遷到東南亞國家。解封後，中國經濟內縮、內捲日益嚴峻，消費力下探，社會上吹起躺平風，經濟體系在美中貿易戰下遭到進一步打擊。中國祭出嚴密的封控措施控制疫情，卻給經濟和社會引來沉重的後座力。

小結：為什麼會有那麼多錯誤決策？

二〇一六年六月英國脫歐公投，多數學者分析，脫歐派勝出的機會不高，結果卻以五一％贊成通過了。同樣是二〇一六年，川普當選美國總統，很多美國學者跌破眼鏡。這個問題出在，票投川普的人都不在菁英圈子裡面。

有學者認為，錯誤決策的主要原因，是決策者的圈子窄，想法與意見同質性太高，如同照著鏡子去選人，因此決策者接收的都是趨同性偏高的訊息。

作為國際政治的觀察者，每當錯判情勢發生，我們得立即回頭去檢視當初的根據是什麼，摸清情勢的改變，了解哪些疏失是可以提前修正及調整。如果我們自己就是決策者，更需要用心反思，避免在小圈子裡做決策。不但要有接受不同的意見的胸襟與智慧，也要建立接收不同意見的管道，才能知道，真實世界跟我們的想像可能不一樣，進而避免再犯錯誤決策。總而言之，**觀察者跟決策者都必須接受不同的意見，以修正錯誤的觀點和決策**。

04

不可知的因素增加了決策的複雜度

越戰是不是一場騙局？優秀的越戰將領堅信勝利在望，但在不斷拖延後，還是狼狽撤離越南，這正說明了，依照情勢做決策，跟摸著石子過河差不多。

我們平常研究，有時候問題很簡單，但往往有些問題是環環相扣的，問題本身的複雜程度，也容易使人錯判情勢和做出錯誤的決策。

越戰的教訓

美國在越戰期間，有一位表現出色的魏摩蘭將軍，一九六七年他從越南返美，極力說服美國總統詹森出兵越南，信誓旦旦地主張，漸進攻勢（步步為營，根據戰情微調戰略）能幫助美軍取勝。

然而越戰開打耗時太長，美國國內興起反戰浪潮，美國政府搬出反共的理由回應社會反彈；在軍事上，魏摩蘭將軍不斷強調美國勝利在望，戰爭將在短期內結束。結果，美國在越南戰場上不但沒什麼突破，仍繼續不斷消耗大量的人力、物力，最後還是在一九七五年狼狽撤離越南。

一九八二年，美國哥倫比亞廣播公司（CBS）播出《無數的敵人：越南騙局》戰爭紀錄片，聲稱魏摩蘭將軍和其他美軍高層，以正規軍去看待越共，低估了越共打游擊戰帶來的損耗和破壞。後來，越戰進度緩慢，美國軍方仍相信早前的判斷，認為越共的戰術無法持久，只要繼續投入更多兵力，終究會取得最後的勝利。該紀錄片最後結論認為整個越戰是一場騙局。

魏摩蘭將軍對此類說法非常生氣，堅持越戰不是騙局，並對CBS提告，後來，法庭判定CBS紀錄片所闡述的內容沒有構成誹謗，魏摩蘭將軍也沒有騙人，雙方庭外和解。魏摩蘭將軍當初堅持越戰會打贏，結果沒有贏，那的確不算騙人、越戰也不算是騙局，而是因為戰場上的情勢瞬息萬變且太過複雜，當時美軍高層無法做出正確的判斷。

問題裡面還有問題

人們認為解決問題的方法，就是把問題摸得透徹，然後盤點手中現有的資源，接著就可以走下一步。事實上，這跟我們摸著石子過河差不多，因為我們對問題的掌握還不夠清楚。國家的外交政策和軍事決策也一樣，不太可能剛開始就能有一個非常清楚的藍圖，起初一定都是只有一個大概的方向，領導人依照情勢做出各種決策，在政策之間拼湊出一個愈來愈具體的樣貌，成為國家的外交政策。

況且，**決策者也會被自己想法限制，同時有團隊內部、外部的權力鬥爭，實際的決策過程一點也不理性、也不簡單**。

05

為何即使是強人做的決定，也無法保證落實？

為什麼美國想從阿富汗撤軍，花了二十年才達成？除了阿富汗當地的情勢無法安定，「深層國家」扯後腿，也讓決策無法落實。

有了決策，就必須執行，使政策得以落實。但是，為什麼決策者做了決策之後，卻不是每次都能落實？領導者做出的決策，無法執行跟落地的原因是什麼？美國從被稱為「帝國墳場」的阿富汗撤軍，花費二十年才完成，究竟政策落實的困難在哪裡？

美國從阿富汗撤軍，為什麼要花二十年？

二〇一六年打贏美國總統選舉的川普宣稱，就任後會改善美、俄之間的關係，然而這項承諾直到二〇二一年下台時都無法實踐。可見，即使是如川普這樣的強勢總統，也不見得能看到他的外交決策付諸落實的那一刻。美國內部的政治、軍事、經濟和社會等領域，總是有一些障礙，攔阻美、俄關係的改善。

再舉另一個例子，歐巴馬在任期間，美國就打算從阿富汗撤軍。但當時的策略都是，加派增援部隊希望扭轉戰局，以打贏終結戰爭，作為美國撤軍的正當理由。然而，這種政策思維從歐巴馬、川普到拜登，週而復始，直到二〇二一年八月，才真正從阿富汗戰場全身而退。

其中一個原因是，阿富汗的情勢一直無法安定下來，美國扶持的當地政府難以持久，當地政府內部充斥派系惡鬥、政治腐敗；另一個原因是，美國內部有些勢力不想看見阿富汗戰事喊停。例如被使命感所驅使的美軍高層，以及想協助阿富汗人民建國的新保守主義者，它們的勢力扯住歐巴馬和川普的後腿，以至於總統對阿富汗戰爭的指令常常分量不足，事半功倍。

深層國家

在許多美國記者揭露的白宮小故事裡，有一則提到，川普吩咐幕僚擬定一份阿富汗撤軍計畫書，幕僚把計畫書寫好放在川普辦公桌上，這時，剛好有一位反對撤軍的幕僚經過，直接偷走這份總統還沒翻閱過的計畫書。川普吩咐之後也忘記要續追這件事，過了好一段時間，才突然又想起阿富汗撤軍的事，於是再次吩咐幕僚寫一份計畫書。只不過時過境遷，當初計畫書的內容已趕不上情勢轉變，撤軍計畫也擱置不前。

川普所遇到的這種狀況，就是所謂的**深層國家**（Deep State）。深層國家是由政府官員、公務員、軍工複合體、金融業、財團、情報機構組織而成，**既得利益與官僚體系交織綿密，藏在幕後控制國家，阻礙領導人改變現狀**。即使是像川普這種個人意志極強的總統，面對中下層官僚也招架不住。

這也是為什麼川普二〇二五年二度當選後，會把剷除這些背後扯後腿的深層國家，做為上任後的優先工作。可是深層國家不只出現在美國，每一個國家應當都會有這些扯後腿的人。我們在觀察一個國家的外交政策時，不是光看領導人說了什麼，還要看他最後到底做成了什麼。

總結

總結來說，在強人當道的時代，決策研究變得愈來愈熱門，對於這些研究，我們從以下五個看點切入：

第一，領導者個人的價值觀，他對世界事物的想像。
第二，決策過程中，領導者周圍的幕僚。
第三，決錯誤策的原因。
第四，決策目標與效果的落差。
第五，為什麼領導者的決策無法落實。

Part 5

第五個框架

戰爭與和平

大局 趨勢 外交工具 決策過程

戰爭與和平 軼聞故事 整合思考

01

怎麼看戰爭：衝突發生的四個元素

我們可以從四個元素切入，解讀突發的戰爭新聞，不過，開戰前的種種避戰行為也很關鍵。

從古至今，國際政治的角力莫不是圍繞著戰爭與和平，所有的**國際關係化約到最後**，就剩下戰爭與和平。而我們怎麼看戰爭？又怎麼看和平呢？

衝突發生四元素

所有的衝突發生都有四個元素：

第一個元素：衝突主體，就是參與衝突的陣營、國家。

第二個元素：衝突議題，點燃國與國或國際爭端的議題，比如領土爭議。

第三個元素：緊張關係，衝突各方敵對關係的歷史脈絡。

第四個元素：衝突行動，比如發動戰爭。

避免戰爭

除了從以上四個元素切入觀察衝突，更重要的是，我們也要知道，到底戰爭為什麼會爆發。基本上，衝突螺旋升級、外力調停失敗、雙方無解加深、**衝突議題錯綜複雜和領導人錯估情勢**，都是戰爭可能爆發的原因。為了避免戰爭，藉由外交途徑克制衝突的工作尤為關鍵，這也是國際政治學所稱的**預防性外交**。

為了預防緊張關係升溫到戰爭狀態，通常會有一個大國、第三國和國際組織介入，或者其中一方及時踩剎車，以溝通來避免錯判情勢，讓國與國的緊張關係降溫。

俄烏戰爭爆發前夕，法國總統馬克宏曾試著進行調停，穿梭於美、俄之間，以促成拜登跟普丁的對話。不過，戰爭仍然爆發，證明法國的調停沒有成功。那麼，我們就得去觀察，這中間到底出了什麼問題，致使調停失敗？俄羅斯與烏克蘭的緊張關係又是如何升級成戰爭？

02

觀察戰爭的三階段：戰爭前、中、後

戰爭爆發通常是國家之間的緊張關係突然升級所致，那麼，既有的緊張關係，為什麼會在特定的時間點引爆？

就邏輯上來講，可以將戰爭階段劃分為戰爭前、戰爭中、戰爭後三個階段，根據這三個階段去觀察和分析整個戰爭。

戰爭前：包裝衝突、引爆點、主／被動方

關於戰爭爆發前階段，我們需要先掌握一些當事國的背景知識，以釐清所引發的爭議與衝突點。同時，在當事國爭論不休之際，要留意有沒有第三方介入調停，以及思考**相關的預防性外交如何界定**、**包裝和形塑衝突的性質**。

舉例來說，一九九〇年伊拉克突襲科威特，最初的說法是因為兩國邊界和資源衝突而起。伊拉克認為科威特趁著一九八〇年至一九八八年兩伊戰爭期間，搶占伊拉克國土以西的油田，兩國互相爭奪油田而頻有衝突。

西方國家認為，油田問題不算複雜，只要科威特將油田歸還伊拉克，就滿足停火條件。但是後來發現，伊拉克進軍科威特的原因，不只牽涉到油田歸屬權，原來伊拉克想要占領布比揚和哇爾巴兩座島嶼，這就牽扯到波斯灣的出海口問題。於是，各國又開始思考，科威特是否能以租借島嶼的條件，換來伊拉克撤兵？朝此方向為兩國進行調停。

各方的調停努力結果仍是以失敗收場。原因是，伊拉克後來闡明，他們的目標是兼併科威特，建立科威特省。結果就是衝突加劇、戰爭升溫，然後就是一九九一年美國派兵攻打伊拉克。

從整個調停過程可以看出，第三方需要先定性伊拉克的戰爭行為，了解當事國想要什麼，明確釐清戰爭的目的，包裝衝突，以便後續的調停工作更為有效。

戰爭爆發通常是緊張關係突然升級所致，那麼，**既有的緊張關係，為什麼會在特定的時間點引爆？**我們從兩個角度來切入引爆點，第一個是**外部環境變化**，如地緣格局的改變。第二個是**內部權力結構變化**，像是在選舉季節，執政黨必須表現強硬以爭取票源；或是在選舉之後，沒有政黨單一過半，需要組織聯合政府，於是展現強硬的對外立場以吸納極端黨派的支持；或者是在獨裁政權日趨不穩的時候，發動對外衝突來鞏固權力基礎。

在國際政治上有一個概念叫「安全困境」（security dilemma）也可以在這裡做一介紹。所謂安全困境，是指當甲國認為乙國對自己造成威脅時，可能透過加強軍備以對抗乙國；但這一加強軍備的行動，可能讓乙國提高警覺，於是乙國也加強軍備作為因應。甲國看到乙國加強軍備，證明先前認為乙國構成威脅的看法是對的，於是繼續加強軍備。就這樣，惡性循環像螺旋一樣不斷升高，愈想求得安全，結果是愈不安全。因此被稱為安全困境。

俄國發動烏克蘭戰爭的原因之一，就是烏克蘭希望加入北大西洋公約組織，讓俄國感到安全受到威脅。結果俄烏戰爭一打，原本沒有加入北約的芬蘭和瑞典，反而因為感受到俄國的威脅，而加入北約，北約對俄國包圍得更緊了。這就是安全困境的典型。

國際衝突升高還有兩種情形，第一種情形是大國把小國捲入戰爭，大國逼迫周遭小國進入戰場，把小國當槍來使；另一種情況是，小國發動戰爭而將後面的大哥拖入戰場。**大國和小國，到底誰是主動方，誰是被動方**，這些都是戰爭前我們需要多加觀察的部分。

圖 5-1　衝突升級的因素

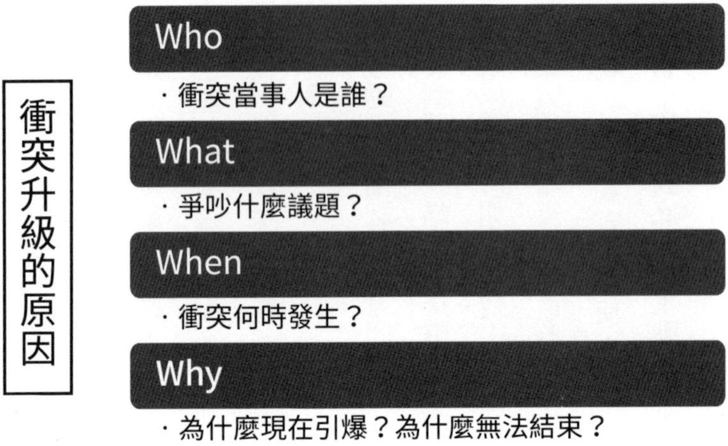

衝突升級的原因	
Who	・衝突當事人是誰？
What	・爭吵什麼議題？
When	・衝突何時發生？
Why	・為什麼現在引爆？為什麼無法結束？

基本上，我們可從**Who（衝突的當事國）**、**What（當事國圍繞什麼課題爭吵？）**、**When（什麼時候發生？）**、**Why（為什麼會爆發戰爭？為什麼戰爭停不下來？）**這四個關鍵字來觀察戰爭前的概況（圖5-1、圖5-2）。

戰爭中：七大階段

接下來談談戰爭過程中的階段。我們可以把這個階段分成七個部分來看：

第一，**戰爭外溢**，兩國交鋒有沒有將其他國家捲入漩渦。

第二，**戰爭升高**，又可劃分為垂直和水平，垂直是指武力規模及損害強

圖 5-2　戰爭發生前可以觀察什麼？

戰爭前觀察點

當事國在吵什麼

· 需要一些基本背景知識
· 其他國家沒有介入調停嗎？
· 調停者介入，會如何重新定義衝突的性質？

有無外交謀略在其中

· 看戰爭前如何包裝與解題

大國把小國捲入或小國把大國捲入

· 即便小國不想，大國仍將小國推到風口浪尖
· 小國打仗時，將大國捲入與對抗國的衝突

度，水平是指衝突範圍。

第三，**新武器運用**，比如說，無人機的問世降低軍事成本提升殺傷力，就連窮國也可以透過無人機消耗強國兵力。

第四，**新的戰略**，並供後世參考。

第五，**戰爭宣傳與假新聞的散播**。

第六，**戰爭對經濟的影響**，比如供應鏈、貨幣價值、油價波動、航運通路等等。

第七，**戰爭觸發的難民及其衍生的問題**，如難民潮流動方向、收

容難民對政治造成什麼衝擊、戰亂中的民間故事。

戰爭後：聚焦在戰爭怎麼停止

戰爭總有結束的一刻，所以戰爭後的階段聚焦在戰爭怎麼停。而在勝敗不明的情勢下，停戰的定義變得更加複雜。

第一點個重點是，什麼樣的情況才叫「停戰」？有沒有第三方進來調解？

第二點是，若戰爭發生外溢效應，哪些衝突將被喚醒？敵我關係會否改變？

第三點，哪些問題被優先解決，哪些問題被留待日後？很多戰爭都是先達成停火共識，再逐步達致停戰，韓戰就是典型的例子，**先有停火才有停戰**。

舉個例子，二〇一四年俄國吞併烏克蘭的克里米亞半島，俄羅斯拒絕退兵的理由是，克里米亞自古是俄羅斯的領土；但根據現代國際法，克里米亞歸屬烏克蘭無誤；然而當地部分民眾卻希望回到俄國的懷抱。一個克里米亞半島有三種表述，經過國際調停，雙方達成十五年後再處理克里米亞問題的共識，暫時擱置俄烏糾紛。

第四點是戰後的商機。任何災難的結束，包括戰爭，都會創造商業與投資的機會。

最後一點，是評估戰爭發動者是否達到它的目標，進而判定戰爭是否為決策錯誤。

阻止烏克蘭加入北約，是二〇二二年普丁發動俄烏戰爭的目的之一，戰爭打下來，臨近俄羅斯的瑞典和芬蘭受到驚嚇，速速表態加入北約。俄烏戰爭反而加速北約向東擴張，顯見，開戰反而使俄羅斯得不償失。身為發動戰爭一方的普丁，讓俄國面臨更窘難的境地。

03

戰爭有什麼轉捩點？

戰爭要退場，得先有一個轉捩點出現，這個轉捩點就是「僵局」。它是促成衝突雙方走上談判桌上的機會，從停火走向停戰。

前面談到戰爭的三個階段：戰爭前、戰爭中、戰爭後。但是戰爭要退場，得先有一個轉捩點出現，這個轉捩點就是「僵局」。之所以稱僵局為轉捩點，是因為它是促成衝突雙方進行溝通的機會，讓雙方走上談判桌上，從停火走向停戰。

衝突與衝突的「較勁」

每當新的國際衝突爆發，媒體的報導與大眾的注意力會被吸引，於是資源便從舊的衝突轉移到新的衝突。二〇二二年俄烏戰爭爆發，俄羅斯和烏克蘭處於膠著，突然間二〇二三年十月爆發以色列跟哈馬斯的軍事衝突，各國注意力慢慢從烏克蘭轉移到中東，俄烏戰爭的媒體報導明顯減少。

對於面對這種處境的美國來說，它必須在援助烏克蘭或以色列之間抉擇，比較哪一國比較貼近美國的利益。因此有人認為，美國可能更傾向支持以色列，其實，在**國際衝突面前，沒有親疏立辨的必要，衝突與衝突之間是相互較勁的關係**。

在一九八〇年到一九八八年間的兩伊戰爭，當時很多人琢磨的是伊朗和伊拉克，卻遺忘了不遙遠處的以色列和巴勒斯坦也處於戰爭狀態。為了喚醒世界對以巴衝突的目光，趁著兩伊戰爭接近尾聲，巴勒斯坦人在加薩地區發動街頭暴動，參與暴動的年輕人向媒體表示：**他們最大的願望是在攝影機前倒下**，讓世界知道加薩的困境。

從衝突之間的較勁關係來講，一九八七年十二月爆發的巴勒斯坦暴動是可以預期的，因為巴國人想要奪回國際社會的注意，而升高抗爭。

衝突結束三階段

解決國際衝突基本上有三個階段，**第一階段是暫時性停火**。例如，美國不斷以人道援助跟交換人質的名義，推動以色列與哈馬斯停火，就是想要逐步推進以哈走向停戰的談判桌。在停戰的基本共識下，逐步朝向**第二階段**的**停戰**，使雙方同意建立新的秩序安排，隨後進入**第三階段**的**簽署和平條約**（圖5-3）。

從停戰到和平協定的過程中需要一個至關重要的前提：雙方都想要停止戰爭。任何

圖 5-3　戰爭與衝突結束的三個階段

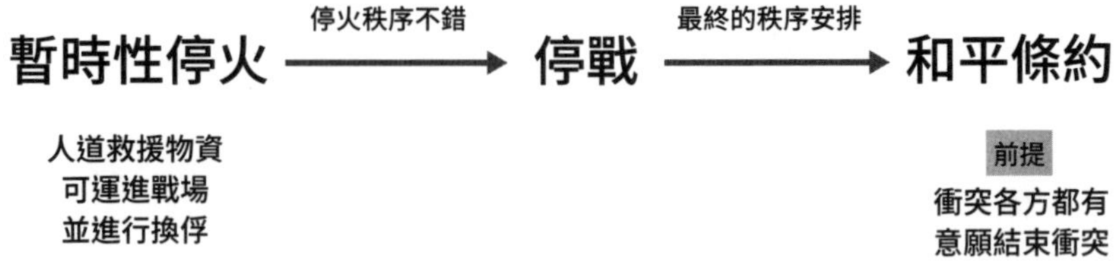

暫時性停火
停火秩序不錯
停戰
最終的秩序安排
和平條約
人道救援物資
可運進戰場
並進行換俘
前提
衝突各方都有
意願結束衝突

調停跟停戰倡議，都必須先出現解決衝突的意願，否則任何由戰到和的努力都無法成事。

什麼情況下雙方會出現停止衝突的意願？就是必須先出現一個僵局。包括當事國及當事國背後的大國，都承認無法打贏這場戰爭時，表示此戰役已陷入僵局，**有了僵局就會有後續的談判**。有了這些條件，停戰談判才算是有意義的。以俄烏戰爭為例子，烏克蘭想要獨自停戰顯然不足夠，必須要得到背後掌握話語權的美國認定戰爭陷入僵局，同意當事國走上談判桌，俄烏停火方能走向有意義的停火談判。因此，**從衝突轉向和平要先有停戰意願，而要有停戰意願得先出現僵局**。

什麼條件下會出現僵局？

一般來說，在國際衝突的僵局出現之前，常常先有一個當事國發動大規模攻擊，交戰雙方察覺到繼續打下去不會有任何結果，這就是認清僵持的現實。一九七三年美國、南越、北越和越共在巴黎進行和平談判，就是基於一九六八年北約發動春季攻勢的背景，北越和美國損失慘重，雙方理解到戰爭持續下去沒有贏家，於是才有之後《巴黎和平協定》的簽署。

小國纏鬥，大國旁觀

還有一種情況是，小國之間或幾個中等國家陷入戰爭，周邊的大國選擇旁觀，沒有介入調解的動機。一九九二年爆發的波士尼亞戰爭就是這個情形，南斯拉夫對波士尼亞和塞爾維亞（當時叫波赫）發動戰爭。大國沒有及時介入，直到一九九四年某次軍事行動造成六十七名平民傷亡、一九九五年爆發雪布尼查大屠殺，全球輿論嘩然，北約和聯合國才率先插手，之後各大國逐個介入，促成停火。

大國不想介入小國、中等國家的衝突，通常是因為衝突的遠因過於複雜。波士尼亞乃至巴爾幹地區，自古存在著複雜的族群、分歧的宗教，大國沒有興趣攪和其中。這些衝突持續到出現一件撼動世界的大事件，成為大國不得不接手處理的轉捩點。所以說，**戰爭會否結束決定在僵局及轉捩點**。

04

和平如何維持

和平不能只有單一方完全滿意，和平是建立在相互讓步與妥協，各方都得到部分滿意，和平的結果才會長久。

建立和平，要考慮平衡，並非讓勝利的一方快意恩仇地報復，否則新的衝突馬上又要爆開。

都是報復闖的禍

最典型例子就是二〇〇三年伊拉克戰爭，美軍拉下獨裁者海珊，當時很多企業認為伊拉克百廢待興充滿投資商機，於是爭先湧入伊拉克，結果卻敗興而歸。因為海珊政權由伊斯蘭教的遜尼派主導，而伊拉克以什葉派信徒居多數，於是雙方有很大的衝突。

海珊政權的基礎可追溯自英殖民時代，英國政府培植少數族群的遜尼派，用來控制多數族群的什葉派，維持殖民統治的秩序，遜尼派因此具備豐富的行政經驗。海珊垮台，美國扶持什葉派上台，由於這是什葉派勢力首次執政，沒有行政經驗，官僚體係仍被海珊時期的遜尼派所控制。當時什葉派執意報復，拒絕聽取美國的意見，將前朝官員全踢出政府，被踢出的遜尼派官僚轉而投向伊斯蘭國，協助建立「中世紀的哈里發國」而得到快速發展與壯大。伊拉克什葉派政府當然無法容忍，於是動員武力鎮壓，讓伊拉克戰火重啟。

因為海珊獨裁政權下台而萌生的商機曙光，因為無止境的教派之爭、相互報復的怒火，導致國內動盪、阻礙經濟和社會的發展。

「部分滿意」的和平最持久

和平不能只給勝利者一方快意恩仇，**不能只有單一方的利益在和平的基礎上得到完全滿足**，有一方完全滿意，代表另一方完全不滿意。和平是建立在各方都能夠接受的新秩序上，**相互讓步與妥協，各方才能都得到部分滿意**，和平的結果才會長久（圖5-4）。

達致和平的三階段，得先停火，然後停戰，再簽下和平協議。而和平協議的內容讓當事國（及大國）都能得到部分滿足，而非給予勝利的一方快意恩仇並蓄意報復，才能避免爆發新一波的衝突。

圖 5-4　協議的局部滿意特性

新秩序的安排
- 避免有一方對協議完全滿意，若另一方完全不滿意，和平的結果不會長久
- 建議各方有部分滿意的協議，通過妥協實現可接受的解決方案

和平之後……

建立了和平以後，由國際組織和國際法扮演保障和平的角色，負責監督世界各國；另一個是透過軍事同盟，維持權力的均勢，嚇阻那些有戰爭傾向的國家，不敢打破新的秩序安排。

很顯然地，從衝突到和平的過程，會經過一些程序，而權力平衡也需要納入考量。

比如說，一旦俄烏戰爭結束，重建俄羅斯與歐洲國家的關係、利用國際組織和國際法維持後俄烏戰爭的秩序，以及透過軍事同盟防止俄羅斯再度發起戰事，這些都是戰後要著手處理的問題。

05

戰爭與和平的例子：台海

台灣處於美國與中國競爭，以及海權和陸權抗衡的最前線，亦即第一島鏈，兩岸關係一直都是鑲嵌在美中關係裡面。

台灣海峽是全球的衝突熱點之一，也是離我們最近的衝突點，我們也必須來談一下台海兩岸的問題，以及探析影響台海變化的五大因素。

台海是美中較勁的前線

台灣的地理位置恰好處於美國與中國競爭，以及海權和陸權抗衡的最前線，亦即第一島鏈，所以**兩岸關係一直鑲嵌在美中關係裡面**。台灣和中國的矛盾從來不孤單，無論是戰是和都跟美中關係息息相關。

中國的崛起，帶動野心十足的民族主義，而台灣繼一九九〇年代實行民主化之後，本土意識也跟著成長，這兩個發展觸發兩岸的對立。近年，美國看見中國逐日強大，一方面決然拉攏盟友圍堵中國，另一方面在國內、外打台灣牌，向中國施壓。美、中、台三方的變化，促成台海的衝突框架。

五個因素決定台海關係

台海兩岸的競合，簡潔來說，是受到五大因素所影響：

第一個因素：美中關係能否緩和。面對崛起的中國，美國總認為中國顛覆當代國際秩序，而中國則不以為意，反指國際秩序實是美國說了算。美、中兩國若能彼此建立互信，建立一些相互克制的規範，緩和衝突的氛圍，那麼台灣的情況也會相對安全。

第二個因素：美國總統大選。美國總統的政黨背景及對中國態度，如國際主義或孤立主義，其影響會直接反應在台海關係上面。

第三個因素：中國政經概況。中國經濟不景氣，中共就會放軟對外的姿態，有更高的意願跟美國交好，粉飾國家形象，吸引海外投資，台灣也能從中受益。反之，中國經濟看好、國勢強盛的時候，對外態度特別強硬，台灣自然遭殃。中共領導高層的權力基礎強弱，伴隨著領導人更迭，對於採取武統、和統或維持現狀的態度也不同。

第四個因素，台灣政經概況。台灣內部的政經狀況，包括台灣的經濟好不好，能否撐得起龐大的國防預算？台灣內部對兩岸關係的期待，是否出現嚴重分裂？領導人能否在美台關係和兩岸關係之間維持平衡，避免冒進？這些都直接影響兩岸的和戰情勢。

第五個因素：兩岸世代與民粹。跟著世代變遷，新世代的人民會牽動台灣和中國的政治動向，兩岸的年輕世代比其他世代有更明顯的衝突傾向，以致於形成底下（社會群眾）狂熱，上面（政治菁英）冷靜的現象，政治菁英成為把關兩岸對峙熱度、避免走向失控的關鍵角色。

在中間最穩定、最安全

美國不希望台灣太靠近中國，中國不願看見台灣一面倒向美國，台灣居於美、中兩大國的中間位置最為恰當。但是，我們不能滿足於現狀，得思考下一步該怎麼做，釐清能做的和想做的差距，做出符合全民福祉最大化的決策。

所以，台灣應該做的是，首先要穩住兩岸情勢，避免成為大國擺動的棋子；其次，同時跟中國重開溝通管道，建立互信機制；第三則要讓中國清楚，新世代崛起，主導者也應該要有新的思維，避免全贏、全輸的局面。基於此，共同建立讓雙方都從中得到部分滿意的新秩序。

06

戰爭與和平的例子：中東

談到中東秩序的變化，不得不提到美國總統川普，以及中東地區的三大禁忌——耶路撒冷、戈蘭高地、約旦河西岸……。

中東的地緣問題涵蓋三大區塊——伊朗－伊拉克（兩河流域的兩岸）；以色列和巴勒斯坦；北非（埃及、阿爾巴尼亞、利比亞、突尼斯）。其中，以巴問題是目前最熱門的國際政治話題。

二〇二三年十月七日，巴勒斯坦的哈瑪斯組織（Hamas）在加薩走廊，朝以色列國境發射超過五千枚火箭彈，引爆了新一輪的中東戰爭，即以哈戰爭。

「新中東」回到「舊中東」

加薩走廊位在以色列國土以西，領土長度約四十一公里，最寬部分大概十公里，總面積三百六十五平方公里，大概等於台北市和新竹市加總。加薩走廊向來是以色列與巴勒斯坦的矛盾之地。在二〇二三年十月以哈戰爭爆發以前，西方分析普遍認為，中東正處在新的歷史階段，戰爭不再是解決以巴糾紛的首要選項。直到以哈戰爭開打，新中東氣氛不復存在，反而日漸回到舊中東。

「新中東」秩序的建立

新中東與舊中東是什麼概念？以巴問題緣起於一九四八年猶太人得到英、法、美的協助，在西巴勒斯坦地區建國，於是當地的巴勒斯坦人成為被迫往東遷移的難民。這些難民也想著返鄉，且希望能在故鄉建立自己的國家。

巴勒斯坦問題也波及周遭的阿拉伯國家，**早期阿拉伯國家之間的基本共識是：以色列必須先妥善解決巴勒斯坦問題再來談建交**。於是形成以色列與巴勒斯坦及阿拉伯世界對抗的**舊中東秩序**。

隨著國際情勢改變，舊中東秩序逐步淡出，首先**伊朗國力增強，對區域影響力擴大，對波斯灣地區的阿拉伯國家構成威脅**。從歷史來看，伊朗的主要族群是波斯人，他們與周遭的阿拉伯人一向勢不兩立。

這兩個族群又分屬不同的伊斯蘭教派——伊朗是什葉派，阿拉伯人以遜尼派為主。以沙烏地阿拉伯為首的波斯灣國家，面對著日漸強勢的伊朗，便向以色列招手，想聯合科技進步和經濟發達的以色列，共同制衡伊朗。

以色列這邊，也不希望看見過於強大的伊朗，因為**以色列國境以北的黎巴嫩，有一個名叫真主黨（Hezbollah）的武裝勢力**，長期獲得伊朗的資助與支持，並經常對以色列發動武力突襲。在這種情勢下，**伊朗頓時成為以色列和阿拉伯國家的共同敵人**，阿拉伯國家對猶太人的仇恨也逐漸消退，對以色列的態度趨於緩和。

美國是另一個改變中東秩序的推手。如前文所述，美國在二十年間，不斷努力想將部隊撤出阿富汗，其實這只是美國撤離中東的一環，因為美國想把更多專注力放在印太地區，全力圍堵中國。

美國轉移戰略重心的原因之一，**是因為美國成功在頁岩油提煉技術取得突破，可以自己生產並輸出石油**，不必再依賴阿拉伯國家開採的原油，因此中東的戰略意義下降很多。美國的戰略改變也觸發阿拉伯國家開始檢討往日的親美政策，尤其是沙烏地阿拉伯，掌握實權的沙爾曼王儲開始重新布局，拉近和中國、俄羅斯的關係，並著手創造新的經濟來源，避免過度仰賴石油出口。

川普與中東地區的三大禁忌

談到中東秩序的變化，不得不提到美國總統川普。這要先從中東地區的三大禁忌——耶路撒冷、戈蘭高地、約旦河西岸——開始談起。

(一) 從特拉維夫到耶路撒冷

二〇一七年川普政府上台之後，美國承認以色列的首都是耶路撒冷（Jerusalem），這件事的關鍵爭議在於，巴勒斯坦人的建國構想中，強調他們未來的首都就落在東耶路撒冷，而以色列則認為世界上只有一個耶路撒冷，而且是猶太人的耶路撒冷。國際社會為了保持某種中立性，一般只承認行政中心特拉維夫是以色列的首都所在地。**直至川普上任後，堅持「是什麼就是什麼」，以色列的首都是耶路撒冷就是耶路撒冷**，且將美國大使館從特拉維夫遷往耶路撒冷。

川普認證耶路撒冷是以色列首都的作法，等同於斷絕巴勒斯坦的建國夢。理論上，中東地區勢必為此而大喧鬧，然而，阿拉伯國家並沒有跟著起哄，鄰近國家的態度顯得非常低調和淡定。可以看出，阿拉伯世界的外交路線產生了一些變化。

（二）戈蘭高地屬於以色列

戈蘭高原本為敘利亞的領土，在一九六七年中東戰爭後，被以色列侵占，敘、以兩國長期圍繞戈蘭主權爭執不休。二〇一九年三月，美國政府正式承認戈蘭高地歸屬於以色列，**川普等於直接宣判敘利亞是輸家**，可是，阿拉伯國家對此也沒有太大的反應。

（三）約旦河西岸屬於以色列

二〇一九年十一月，美國宣布，約旦河西岸屬於以色列的領土，有趣的是，以色列以往只將該區列為「占領區」，並沒有意願全面兼併。反而是巴勒斯坦打算將約旦河西岸，作為未來巴勒斯坦建國的領土。不過，有許多猶太人聚落散布在約旦河西岸，若巴勒斯坦在此建國，定會衍生人口遷移的種種麻煩，於是，川普遊說以色列，乾脆兼併約旦河西岸。

然而，如果約旦河西岸歸屬以色列，當地的巴勒斯坦人、阿拉伯人，將會成為以色列的國民，這又有損猶太人國家的正統性。所以，以色列沒有聽取川普建議，將約旦河西岸列為國土。

中東變了，巴勒斯坦急了

川普政府碰觸的三大禁忌並沒有引發中東地區的嘩然，凸顯出中東已經發生改變。阿拉伯國家新一代的領導人，不希望被巴勒斯坦的歷史包袱所捆綁，想要跟以色列打好關係，將戰略重心用在對付伊朗。新中東秩序隨之誕生。

二〇二〇年九月，在川普的斡旋之下，以色列與阿拉伯國家在白宮簽署亞伯拉罕協議（Abraham Accords），建立邦交，簽署國包括美國、以色列、摩洛哥、巴林、阿聯酋和蘇丹。這項發展直接繞過以往「先處理巴勒斯坦，建國再談邦交」的共識。

巴勒斯坦眼看著自己被阿拉伯國家邊緣化，哈馬斯組織便想辦法阻礙中東地區的政治洗牌，於是在二〇二三年十月發射飛彈突襲以色列，激化以巴衝突，逼迫阿拉伯國家重新關注巴勒斯坦問題。

中東衝突框架的變化

以哈戰爭爆發不久，阿拉伯國家出現聲援巴勒斯坦的街頭示威，看似新中東秩序缺乏深化，可是，仔細觀察的話可以發現，阿拉伯支持巴勒斯坦的強度已經遠不及以前。比如說，沙烏地阿拉伯的媒體曾經批評哈馬斯，挑起衝突對巴勒斯坦建國沒有幫助，反而讓伊朗從中獲利，損害阿拉伯民族的集體利益。

另一方面，伊朗支持的葉門叛軍胡賽運動（Houthi movement）聲援哈馬斯，任意攻擊在紅海航行的船隻，並宣告只要戰爭不停，胡賽在紅海的襲擊行動就不會停止。除此之外，哈馬斯和真主黨也得到伊朗的力挺，持續對以色列發動攻擊。

有趣的是，伊朗是什葉派，哈馬斯是遜尼派，雙方分屬不同的伊斯蘭教派，卻有共同的敵人——以色列。以哈戰爭還沒有發展成區域性衝突，目前只有觸發一些外溢效應，波及鄰近國家，而這些影響卻曝露出，中東衝突的本質已經發生變化。

以哈戰爭打亂供應鏈

以哈戰爭的外溢也衝擊到中東地區的供應鏈，一直以來，蘇伊士運河是亞、歐、非的咽喉。由於胡賽組織和伊朗在阿拉伯海域騷擾各國船隻，於是海上航道改經非洲南端的好望角，推高全球的海運成本。另，海上的武裝突襲，導致沉沒船隻壓壞海底電纜，通訊設備被打亂，也加重海上污染。

美以關係生變

以哈戰爭爆發後，美國不願對以色列施加壓力，傾向透過跟納坦雅胡溝通解決問題，但卻造成拜登政府承受國際社會的譴責，尤其是中國和俄羅斯，他們不斷攻擊美國虛偽。於是美國和以色列的關係受到影響。

以色列總理納坦雅胡必須藉助聯合內閣來維持國政穩定，執政陣營的右翼黨派威脅納坦雅胡，如果以色列停戰他們將退出政府，觸發納坦雅胡政府倒台，於是，納坦雅胡必須主張以戰爭手段解決哈瑪斯的問題，以維繫其政府的穩定性，保住總理大位。可是，拜登警告以色列適時停戰，以色列說哈馬斯沒有送返人質就不會有停火的一刻；哈馬斯卻表示，以色列不停止攻擊，他們無法清點人質，畢竟有不少人質是落入其他巴勒斯坦的武裝組織手中。交相攻擊下，戰爭一直無法結束。

以哈戰爭的持續，嚴重灼傷以色列的國際形象，支持以色列的美國也面臨國際撻伐，美國被證明它無法管束以色列，形象大跌。

但是美國對以色列再不滿意，也不可能真的翻臉。以色列跟美國的特殊關係，非其他國家能望其項背。二〇一五年歐巴馬跟伊朗簽訂伊核協議，共和黨反對，由共和黨控制的國會，就請納坦雅胡到美國國會演講，批評當朝美國的外交政策。換做別的國家，你敢想像會發生這種事情嗎？可是在美以之間就發生了。

因為民主黨主張跟伊朗交往，而共和黨反對，所以後來以色列跟共和黨的關係比較好。所以拜登政府任滿，共和黨的川普再次上台，美以關係又開始熱絡。

以哈戰爭六項觀察

以哈戰爭未來走向如何，以下六個面向值得我們多加關注（圖5-5）：

（一）戰火外溢的程度

目前，以哈衝突已經外溢到中東地區，胡賽組織、伊斯蘭國、真主黨等捲入戰爭，這場戰爭還會擴大到什麼地步？

以哈戰爭打到今天，有兩個發展是我們當初沒有想到的。

第一個是以色列將戰火擴大到黎巴嫩南部的真主黨，成功瓦解真主黨的威脅。真主黨是伊朗所支持，軍事力量遠勝哈瑪斯。哈瑪斯跟以色列交戰時，伊朗告訴真主黨，就算幫哈瑪斯助拳也不要介入太深，畢竟真主黨需要保全實力，捍衛伊朗才是主要任務。

圖 5-5　觀察以哈戰爭的六個面向

1 戰火是否還會外溢？ 外溢是否會更嚴重？	2 戰火是否會升高？ 伊朗和真主黨 是否會介入？	3 戰爭結束後， 將來中東是誰家的天下？
4 加薩地區如何善後？ 誰會來接管加薩地區？	5 美以關係如何變化？ 以色列政局如何變化？	6 加薩地區有無重建商機？ 國際資金會流往何處？

誰知以色列在加薩戰事告一段落後，主動將戰火導到黎南，而且運用精準的情報，快速狙殺真主黨的領導人，以及絕大部分的軍事領袖，重創真主黨。就算真主黨日後能勉強重新站起，元氣也已大傷。整個軍事經驗無法傳承，相當一段時間內，對以色列將無法構成威脅。

第二個沒想到的是敘利亞小阿塞德政府垮台。本來敘利亞內戰幾乎已經結束，政府軍已經控制了絕大部分領土。寄生在敘利亞，藉戰爭壯大自己的伊斯蘭國恐怖分子向外流竄到阿富汗，中東遜尼派國家也已經準備重新接納什葉派的小阿塞德。誰知二〇二四年十一月底，叛軍死灰復燃，對政府展開攻擊，十二月八日攻進首都大馬士革，阿塞德倉皇辭廟，走避俄國。阿塞德父子五十年的家業在十二天內崩塌。這是誰也沒預料到的發展。

敘利亞政府垮台，伊朗所經營的外圍什葉派勢力——小阿塞德、真主黨、哈瑪斯一一崩解。塵埃落定之後，一個更新的中東將會出現。這又帶出了下面第二個觀察點：伊朗的反應。

(二) 戰火升高，伊朗會怎麼反應

當我們說戰火擴散的時候，講的是水平的概念。比如戰火從加薩擴大到葉門，從陸上擴散到海上（紅海），但是武器的殺傷力沒有特別升高。

如果伊朗介入，動用殺傷力更大的武器，那就是垂直升高。垂直和水平不見得同時存在，有時交戰雙方的人數沒有增加（即沒有盟國跳進來幫忙），也就是沒有水平擴散，但所動用的武器愈來愈多，殺傷力愈來愈強，這就是垂直升高。

面對自己建立的什葉派屏障，也就是伊朗所謂的「抵抗軸心」，一個個瓦解，伊朗能無動於衷嗎？敘利亞政府垮台後，以色列趁機轟炸摧毀了敘利亞的防空系統。本來這些防空系統是預備在伊朗遭受空襲時，可以提供預警功能的。如今防空系統被摧毀，以色列戰機空襲伊朗將如入無人之境，這會給以色列攻擊的誘因嗎？

川普向來不相信跟伊朗談判能夠阻止伊朗發展核武，現今中東整個情勢對伊朗不利，川普會把握機會給予伊朗痛擊嗎？

(三) 將來中東是誰家的天下

現在中東情勢尚未塵埃落定，但我們看到敘利亞叛軍後面有土耳其的影子。土耳其會在中東的新秩序中扮演什麼角色？

以色列在中東戰爭中看來是大勝。大勝之後，再也沒有人能阻止它和沙烏地建交。原先以為沒有翻過去的舊中東那一頁，現在是翻過去了。但是新中東這一頁，跟原先想的一樣嗎？

俄國本來也想插手中東，小阿塞德垮了，俄烏戰爭又打得俄國元氣大傷，俄國在中東的角色勢必遭到削弱。中國也一樣。中國推動伊朗與沙烏地和解復交、二〇二三年高調派專機到大馬士革接小阿塞德到中國參加杭州亞運開幕，這些布局和努力，現在看來全都付諸流水了。在中東新變局中，中國找不到著力點。

所以中東還是美國的天下。偏偏美國又想從中東抽身，過去是想從中東抽身，把兵力轉到印太去圍堵中國，現在是川普想重回外交的孤立主義。不管是哪一種想法，共同點是都想從中東抽身。但中東情勢不安，美國抽得了身嗎？

(四) 加薩如何善後

前面講的是宏觀大局，這裡看的是微觀部分：斷垣殘壁的加薩如何重建？以色列是不可能讓哈瑪斯重新在加薩當家了，那換誰？是溫和派的加薩巴勒斯坦人？還是約旦河西岸的巴勒斯坦自治政府進到加薩？

以色列不想讓巴勒斯坦自治政府進入加薩。因為對以色列來說，最好就是讓巴勒斯坦分裂。加薩戰爭前，巴勒斯坦的法塔組織共治約旦河西岸，哈瑪斯控制加薩，這種分而治之的分化戰術，對以色列最好。所以它不想讓巴勒斯坦因此而合而為一。難道最後是猶太人自己再進到加薩統治？那叫做再次占領加薩？以色列軍方很多人對此也不贊成，因為巴勒斯坦人一定不同意，到時戰爭又會再起。那怎麼辦呢？

於是川普提出來，把加薩的巴勒斯坦人遷走，由美國進來把加薩建成中東的「蔚藍海岸」。中東國家當然反對，因為接納加薩巴勒斯坦人等於把戰火也引進自己國家。所以埃及趕緊提出自己的對案：加薩由一個技術官僚組成的委員會管理，巴勒斯坦人不須遷移。川普會改變主意嗎？大家都很想知道。

(五) 以色列政局的變化

除了重建加薩是微觀之外，以色列內部的變化也是另一個微觀面。戰爭結束後，以色列回歸民主，那納坦雅胡的案子還判不判？美國之所以支持以色列，除了猶太人在美國的龐大影響力之外，以色列是與美國價值相同的民主國家，也是一個重要原因。所以以色列的政局會如何發展，也很值得觀察。

(六) 重建的商機

跟烏克蘭的狀況一樣，只要停火，開始重建，就有重建的商機。以色列願意投入多少經費重建加薩？可能不多，但總會有一些商機。這個大餅吃得到？伊斯蘭世界有誰會幫忙？土耳其嗎？沙烏地嗎？都是可以觀察的脈絡。

用戰爭前、戰爭中、戰爭後的分段來看，六點中的前兩點是戰爭中，後面四點都是戰爭後。這個架構一樣可以用來分析中東戰爭以外的其他戰爭。

總結

國家發動戰爭看似乎簡單，然而，無論是國內或國外的戰爭，要讓衝突停止，是相當艱難且複雜的流程。和平得先有停戰，停戰得先有停火，停火得先有僵局，僵局的前提是雙方都認知到無法贏得這場戰爭。為了讓和平能夠持久下去，各國除了要謹慎判斷局勢以外，務必積極在國際組織活動，爭取國際聲浪，另一邊是擴大軍事同盟的涵蓋範圍和領域，形成一股嚇阻敵對國的壓力，提高對方啟動戰爭的成本。

Part 6

第六個框架

軼聞故事

大局　趨勢　外交工具　決策過程

戰爭與和平　**軼聞故事**　整合思考

01

元首間的有趣故事

故事，是了解國際政治最簡單、最快上手的途徑，我們可以從人和事挖掘背後的故事，以及故事背後的國際關係脈絡。

夏季盛開的櫻花

前俄羅斯總統葉爾辛一九九八年訪問日本。日本為了想要讓葉爾辛在下榻旅館的窗前，看見一樹櫻花綻放，特別移植了一株櫻花過去。同時，為了控制櫻花能在葉爾辛下榻的時間綻放，日本人事前用冰敷的方式，維持櫻花根莖處於低溫，控制開花的時間。

餐桌上的國際政治

外賓來訪少不了吃飯的環節，美國對一個國家領導人的重視程度，可以由設宴招待的情形看出端倪。二〇〇九年十一月二十五日，印度總理辛格訪問美國，歐巴馬總統特地在白宮南草坪擺設戶外帳篷，營造充滿印度風情的排場，以素食餐會迎接辛格。這是史上第一次，也表示美國對印度的高度重視，希望拉近美、印關係。

二〇一四年，法國總統歐藍德訪問美國，由於歐藍德沒有結婚，法國沒有第一夫人，傳統的西式夫妻交叉對坐的排場會讓歐藍德顯得難堪，於是安排歐藍德坐在歐巴馬跟蜜雪兒之間，排除尷尬的場景。

出訪排場也有講究

二〇〇七年，韓國總統盧武鉉造訪平壤，這是首度有韓國總統跨過三十八度線（南北韓邊界）。因此，韓國總統盧武鉉特別乘車抵達交界線前下車，偕同夫人權良淑徒步橫跨過南北韓的軍事分界線，象徵這次南北韓高峰會議是歷史性的一刻，預示著南北韓關係的緩和。

普丁與梅克爾的放狗事件

二〇一二年，日本首相野田佳彥到俄羅斯進行訪問，贈送一只秋田犬給普丁作為禮物，二〇一六年輪到普丁訪日，日相安倍晉三要送一隻雌性的秋田犬給他，普丁卻不願意收下這份禮物。由此得知，比起安倍晉三，普丁跟野田佳彥的關係比較好。

說起狗，俄羅斯總統普丁放狗嚇德國總理梅克爾是很有名的故事。梅克爾年輕時被狗咬過，所以特別怕狗。可是二〇〇七年她到俄國索契跟普丁會面時，普丁卻故意放狗嚇她。梅克爾在她的回憶錄《自由》（二〇二四）寫了這一段：

「二〇〇七年在索契，拉布拉多犬康尼這次真的出現在了現場。當普丁和我坐著為攝影師們擺好姿勢，讓他們拍攝我們會面開始時的照片和影片素材時，我試著忽略這隻狗，儘管牠就在我身邊走來走去。從普丁的表情中，我解讀出他似乎很享受這種情況。」

梅克爾說：「他是不是只是想看看一個人在困境裡會如何反應？這算是一次小小的權力展示嗎？我當時腦袋裡只想著：保持冷靜，專心看攝影師，一切都會過去的。當這一切真的結束後，我並沒有跟普丁談到這件事，而是像我一生中經常做的那樣，堅守英國貴族的規則：永遠不解釋，永遠不抱怨。」

那張普丁放狗嚇梅克爾的照片，也成為外交圈中很有名的一張照片。

二〇〇七年五月七日，美國總統小布希，在白宮以白領結晚宴款待英女王伊麗莎白二世，而白領結在西方餐會中屬於最高級別，突出美國對英女王的高度敬重。

故事事件本身不是重點，故事背後所折射的國際關係，才是重要的觀察點，要弄懂故事後面代表的是什麼訊息。

明治和裕仁題詩落淚

日俄戰爭開打前夕，明治天皇在御前會議了寫一首詩——四海之內皆兄弟，為何風雨亂人間，寫完之後把毛筆丟下，流著眼淚離開席位，日俄戰爭不久後就爆發了。第二次世界大戰初期，日本海軍和陸軍在攻打蘇聯或美國沒有共識，裕仁皇拿不定主意，於是首相東條英機拍板南下攻擊美國。當時裕仁天皇寫了明治天皇所寫的詩，寫完也把筆丟下含淚離席。不管這是天皇被軍方挾持的假戲，或者是天皇確實對戰爭感到無奈，這首詩就是日本皇室的典故。

英、俄原本是一家

俄國沙皇尼古拉二世和英王喬治五世是表兄弟，尼古拉二世的皇后亞麗珊德拉是英國維多利亞女王的外孫女，英、俄（包括德國）王室都是親緣關係。第一次世界大戰結束以後，俄國爆發布爾什維克革命，尼古拉二世一家被革命分子殘殺，喬治五世後來發誓，共產黨垮台以前，英國王室不會踏入俄國一步。

蘇聯後期，蘇共總書記戈巴契夫進行經濟改革，希望英國給予蘇聯一些支持。英女王伊麗莎白二世卻說，喬治五世生前發下重誓，她不會踏上共產黨統治的俄羅斯土地，所以委派首相柴契爾夫人訪問蘇聯，代為表達英國支持蘇聯的重建與改革。

02

飲食與政治

你曉得吃的東西有多少學問嗎？當前有許多論著研究飲食與政治，如果對國際政治的知識沒太大興趣，還可以從飲食觀察世界。

伴隨日本近現代化的食物

日本原本是一個以海鮮和蔬食為主的海洋國家，十九世紀中末葉，日本開啟維新運動，全面推動富國強兵的近代化改革。明治天皇主張國人必須吃肉才有健康強壯的身體，於是明治天皇成為第一位吃牛肉的日本人。引入洋食文化，昭示日本向西方學習、走向近代國家的決心。

隨著牛肉成為日本社會的主食，豬排咖哩開始被引進日本國內。豬排，日文的發音類似於勝利的發音（日文裡的豬排叫 TonKaTsu，勝利是 KaTsu），於是日本人吃豬排蘊含著期許國家強盛的意味。在選舉期間，日本各黨各派候選人經常大吃豬排咖哩，首相候選人也會召集議員一起吃豬排咖哩，他們認為吃愈多盤勝利的機會愈高。

推廣美食是外交攻勢

當代有些國家以推廣飲食作為外交攻勢的一部分，亦即軟實力。經過文化的輸出，讓其他國家對輸出國產生更多好感，而願意協助輸出國推動它的外交政策，爭取更廣泛的國際支持聲浪。

以泰國為例，泰國推出一個名為泰精選（Thai SELECT）的飲食標章，它是一項認證泰國飲食輸出的標章，代表這些餐廳的菜餚經過官方精選，因此，人們去泰國餐廳只要看到泰選標章，自然聯想到這是正宗的泰式料理。毋庸置疑，這是一種擴張國家影響力的外交公關工具。

03

中心議題：國際上大家都在談什麼？關心什麼？

除了故事以外，我們還可以關注當今國際上的中心議題是什麼，熱門的議題代表的都是當今的主流價值，以及各領域的前沿發展。

國際政治所關心的，都是當今的主流價值，例如一九九〇年代的經貿與國際金融議題、九一一後的反恐情報戰以及之後衍生的戰爭、全球氣候變遷議題及效應、新冠疫情爆發及疫苗外交、美中對抗升溫後的地緣政治、人工智慧相關科技的發展……，都是當前的主流議題。議題來自各領域的發展，但都與國家競爭、國際政治脫不了關係（圖6-1）。

經貿當道的一九九〇年代

在一九九〇年代，國際經貿是當時的主要議題，各國外交的重心便集中在推動貿

圖 6-1　全球關鍵議題的演變

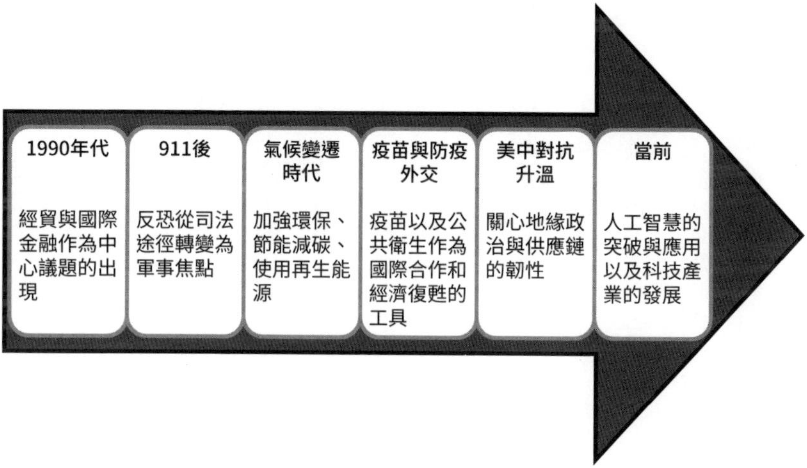
1990年代
經貿與國際金融作為中心議題的出現
911後
反恐從司法途徑轉變為軍事焦點
氣候變遷時代
加強環保、節能減碳、使用再生能源
疫苗與防疫外交
疫苗以及公共衛生作為國際合作和經濟復甦的工具
美中對抗升溫
關心地緣政治與供應鏈的韌性
當前
人工智慧的突破與應用以及科技產業的發展

易。以韓國為例，一九九八年韓國實施政府再造計畫，外務部改組為外交通商部，職責是研擬對外貿易的法規和協商。二〇一三年三月二十二日，外交通商部又改回外交部，原來通商對外貿易的職能，移交給新設的產業通商資源部。

一九九八年韓國政府把外交跟通商結合在一起，因為韓國主張外交的主要工作就是推動通商，可以顯示當時的國際政治議題聚焦貿易課題。而中國加入WTO的討論也是在一九九〇年代和二十一世紀初掀起各界辯論的熱門話題之一。

九一一點起反恐熱潮

二〇〇一年九一一事件以後，反恐課

題取代經貿的國際地位，國家之間都認為，共享反恐情報及交換反恐策略是重中之重，反恐形勢也從以前的司法起訴，轉變為戰爭途徑。所以，學界有提到，美國以反恐當成該國外交的一切，以打擊恐怖主義之名出兵伊拉克和阿富汗。

氣候變政治

國際政治上產生的新舊議題雖然有順序差，但新議題未必都會取代舊議題，氣候變遷跟反恐戰爭同時博得全球關切，極端氣候、溫室效應、控制排碳量、碳足跡、替代燃料、綠能發電等，也是外交的熱門話題。氣候問題逐漸演變成政治問題，而不再是純科學的論辯。

新冠疫情成政治話題

二〇一九年新冠病毒在全球大肆傳播，疫苗和防疫成為新的國際議題，我們發現，二〇二〇年之後，各國都在疫苗研發、技術、生產和供應上較勁，疫苗突然之間轉化為強有力的外交工具，例如捐助疫苗劑量或在他國建立疫苗研發中心。各國透過疫苗爭取政治話語權，在疫情日趨緩和之後，世界轉而討論疫後經濟復甦，討論哪些國家經濟重建的速度比較快。

地緣政治與人工智慧

近年美中關係交惡，地緣政治角力促使人們思索供應鏈韌性；而人工智慧是另一個當前國際政治的中心議題。大家都在爭論，人工智慧會不會帶動新一波足以顛覆世界的工業革命，當中又牽連到美、中科技角力和半導體供應鏈的移動。

中心議題的變與不變

從貿易到人工智慧，每一個都是全球性的議題，並沒有所謂新舊議題交替的情形。國際議題反而是各種議題相互交織聚合，例如，我們談及供應鏈的時候，會牽連到地緣政治、反恐和貿易。但是，議題的討論重點會因時間而改變，比如說，一九九〇年代的貿易議題在討論成本與利潤，當前檯面上熱議的貿易課題則是安全性。

作為國際政治的觀察者，乃至於參與外交實務的人士，我們都必須掌握中心議題的出現及其變化，盤點當前哪些是國際熱門議題，看看我們的契機、商機在哪，隨時做好準備，然後順勢切入，在國際舞台扮演重要角色。

總結

對於缺乏國際嗅覺的人來說，故事途徑是自我培養興趣最簡潔的方法。看一看各國領袖的人際關係，高峰會議和飲食隱含的故事；再看看國際上的中心議題有哪些，也就是大家在討論和關心的事情。並思考在這些議題當中，哪些會影響到我們、影響到商業貿易決定、影響到自己的國家，並試著從最夯議題的脈絡尋找機會。

Part 7

第七個框架
整合思考

大局　趨勢　外交工具　決策過程

戰爭與和平　軼聞故事　**整合思考**

01

有架構的國際觀 用時間與空間整理國際知識

先用時間與空間兩個座標，架構起整理國際知識的體系，再於其上加入比較外交政策的三個層次，增加思考的深度。

最後一個框架，就如同我們在緒論中說的，是用時間和空間整理我們的國際知識。這就像一個八寶盒，一個一個格子，把我們收集的資料一個一個放進去，前後呼應，建構自己的知識體系。

在緒論時我們舉的是菲律賓的例子：從時間軸來看，小馬可仕對中國的政策，和前任杜特蒂對中國的政策，有什麼不同；從空間軸來看，越南對中國的政策和菲律賓對中國的政策，又有什麼不同（圖0-4）。

這種思考套在別的國家一樣可用。比如習近平時代的中國，跟鄧小平時代的中國有什麼不同？一九七八年鄧小平提出改革開放，二〇一八年改革開放還在嗎？還是只有開放，沒了改革？為什麼鄧小平主張在外交上的韜光養晦，到了習近平時代變成中華民族的偉大復興？什麼改變了，導致中國的對外政策也跟著改變？這是縱座標（時間、歷史）上的比較。

橫座標（空間、地理）的比較也隨手可以取得許多例子。比如現在民粹盛行，但是各國的民粹都一樣嗎？二〇〇八年金融海嘯爆發，各國為整頓財政秩序，紛紛撙節支出，推動改革。可是左派反對，認為政府不應減少社會福利的支出，這是左派民粹。

但是二〇一〇年中東爆發阿拉伯之春，大批難民逃往歐洲，歐洲各國的極右派因此興起，反對政府繼續接納難民，因為這將讓這些歐洲國家的資源受到擠壓。這是右派民粹。各國民粹興起的原因不同，都很值得深入比較研究。

比較外交政策常用的三個層次

國際政治學者在比較各國外交政策的不同時，常用三個層次的分析作為架構，也可以在此作一介紹。

第一個層次是國際體系層次。比如以前冷戰時候，美、蘇兩個超強的對抗，主導了國際政治的格局。這時就是兩極的體系。蘇聯瓦解後，美國獨大，成為一超多強。現在則是不同議題，有不同國家主導，雖還沒成為多極的架構，但至少是多元的格局。

研究體系結構，可以幫助我們判斷，其他國家在這樣的格局裡面，有多少迴旋空間，權力受到多少限制。

第二個層次是國家層次。這個國家的地理位置在哪裡？是交通要衝嗎？有沒有出海口？社會有沒有因階級或種族而分裂？經濟與工業發展的狀況如何？這都影響到這個國家的外交政策取向。

比如新加坡和緬甸，新加坡國家雖小，但位於麻六甲海峽出口，地理位置的重要性，決定了它必須和各個大國都保持良好關係，讓他們彼此平衡的外交格局。緬甸則不然，緬甸在中南半島僻處一隅，有山的屏障也有印度洋的出口，這些條件讓它可以遺世獨立，採取孤立甚至半鎖國的政策。新加坡的地理位置就讓它鎖不了國。這就是國家變數的不同。

外蒙也是一樣。外蒙沒有出海口，貨物要出口，要不是得從俄國出海，就是得從中國出海。外蒙雖然也想跟美國建立良好關係，但這樣的地理位置，讓它根本不敢得罪中國或俄國。

國家經濟發展和科技發展的程度，也決定了這個國家在國際上的聲量。以色列在國防科技的成就和經濟實力，讓波斯灣的阿拉伯國家急於和它建交，也是一個明顯的例子。這都是國家變數。

第三個層次是決策者個人變數。這個領導人的價值觀，他的成長背景，他的教育程度都影響他的思維，以及他的外交政策取向。我們可以用「如果不是他」，作為思考的起點：如果這個國家的領導人不是他，這國家的對外政策還會一樣嗎？

這三個層次的分析，可以套到我們的縱座標和橫座標上面，增加我們思考的深度。

02 用超連結的思考，豐富國際知識

超連結的思考探索像萬花筒，一層一層擴散開來，不斷豐富我們的知識，讓我們的國際思考愈來愈寬廣，也愈來愈有趣。

縱座標與橫座標的十字架構，是我們建構知識體系的骨架；超連結天馬行空的探索，則是為骨架填上血肉。縱座標的分析，增加我們思考的深度；超連結的探索，則在豐富我們的廣度。

在緒論中，我們以日本明治神宮的鳥居為例子，介紹了超連結的思考。下面我們再拿埃及為例。如果你現在到埃及去旅遊，你會怎麼開始觀察？

埃及人是阿拉伯人，不是黑人。阿拉伯人和黑人，在非洲是怎麼劃分的？

你一定會看到木乃伊。木乃伊棺蓋上畫的人像，就是木乃伊生前的畫像，他們很多是白人。為什麼會是白人？因為是地中海北岸的歐洲人。像知名的埃及豔后，就是希臘人，不是埃及人。

地中海北岸是基督教，南岸是回教。古代的時候，地中海南北之間往來頻繁，發生過多少史詩般的故事？

你一定也會乘船遊尼羅河。你有沒有發現尼羅河是由南往北流的，不是我們習慣的江水向東流。有大河就會有水壩，二〇一一年衣索匹亞在尼羅河上游的主要支流開始興建大壩，這個大壩耗資四十八億美元，費時十年，結果引起蘇丹、埃及等尼羅河下游國家的強烈抗議。水資源的爭奪，已經成為國際衝突的重要導火線。尼羅河是這樣，中南半島的湄公河，在中國和東南亞國家之間引起的衝突也是一樣。

看完地理，再看歷史。埃及在二〇一一年發生民主運動，是當時被稱為阿拉伯之春的民主浪潮之一。民主運動推翻了埃及總統穆巴拉克。穆巴拉克一九八一年上台，統治了埃及三十年，被稱為今之法老王，是埃及在位第三久的領導人。在位第一久的是拉美西斯二世，統治埃及六十六年。你如果到埃及南部古城阿布辛貝旅遊，就可以看到拉美西斯二世巨大的雕像刻在山壁上。就這樣，歷史和當代政治就連在一起了。

埃及過去是英國的保護國，但是最早進入埃及，並破解古代象形文字的卻是法國人。法國人和英國人在埃及的爭奪又是如何？

超連結的思考，就像萬花筒一樣，一層一層擴散開來，不斷豐富我們的知識，也讓我們的國際思考可以愈來愈寬廣，也愈來愈有趣。你到任何地方旅行的時候，都可以試著以當地的見聞展開思考的超連結，帶著問題去旅行，讓國際觀的培養變得更有趣味。

結論

框架應用與培養國際觀

01

七個框架的應用

經由前面深入的介紹，我們再快速地將七個框架輕鬆看一遍，也簡單介紹幾個觀察國際「大局」的重要政治理論。

這是一本訓練國際觀的科普書。重點不在提供每一個事件的細節，而是介紹一個分析的框架。你可以選擇你最有興趣的框架入手，先培養興趣，再逐步累積自己的知識。

在這些框架裡面，我把局和勢分開，局是看棋盤上哪些大國，他們怎麼互動；勢是看大的趨勢，及各種金錢、貨物等各種流動。

美、蘇冷戰的時候，看局當然就是看美國與蘇聯的關係。當時所有的國際關係，只要拿美、蘇對抗的框架套上去，大概都可以了解十之八九。所以人們才會說，冷戰簡化了國際關係。

現在看大國互動，則是看美、中。當然，你也可以看中國與俄羅斯的互動，中、俄的互動也是大國關係。也就是說，框架在那裡，我們可以根據不同時間，填入不同的大國來觀察。

第一個框架，大局

(一) 大國之間的互動模式

以美、中抗衡最典型，兩個大國之間的對抗是結構性的問題——新舊強權之爭、海陸強權之爭。美國芝加哥大學教授約翰．米爾斯海默（John Mearsheimer），在其名著《大國政治的悲劇》（The Tragedy of Great Power Politics）提及，由於國家和人的意圖不可測，所以**大國極盡所能累積權力，保障自身安全，各大國為了生存總會有一戰**——也就是大國政治的悲劇，米爾斯海默的觀點在國際政治上稱為**攻勢現實主義**（Offensive realism）。持相反觀點，主張國際政治體系會迫使大國自我克制，維持國際均勢，稱為**守勢現實主義**（Defensive realism）。

美國波蘭裔戰略家布里辛斯基（Zbigniew Kazimierz Brzeziński），曾經擔任卡特總統的國家安全顧問並受到大力推崇，卡特還誇耀他一個人的能力足以抵過整個美國國務院，《大棋盤》（The Grand Chessboard: American Primacy and Its Geostrategic

Imperatives）是布里辛斯基的經典之作，他在書中提出一個論斷：**倘若蘇聯、中國和伊朗結盟，將會掌控整個世界，從而提出全面圍堵三國的地緣戰略（西方、日韓、印太）**。

二十年後克里斯・米勒（Chris Miller）在《晶片戰爭》（Chip War: The Fight for the World's Most Critical Technology）講述，各國間的競合是全方位的，不會只是限制在單一的領域。於是政治角力波及到科技、軍事和供應鏈。

但是，美國哥倫比亞教授邁可・多伊爾（Michael W. Doyle）卻持比較樂觀的主張，他在《冷和平》（Cold Peace: Avoiding the New Cold War）說到美、中從不至於升高到戰爭狀態，同時美、中抗衡也異於美、蘇冷戰，而是冷和平。

首先是，雙方都有理性認知美、中不可能脫鉤，因為脫鉤的成本太高，經濟共榮跟環保問題促使美國和中國必須攜手合作，維護巨大的共同利益。

其次，如今人工智慧技術橫行，幾乎陷入失控，包括美國和中國都在摸索著，如何不讓這個新興技術被濫用。

第三個原因是，俄羅斯和中國是威權國家，不是極權國家，高壓統治還是存在某種韌性和彈性，並不像史達林、毛澤東、納粹之類的極端政治。

二〇二四年三月二十七日，習近平在北京會見美國工商界跟學術界代表。習近平提到，希望中、美各界人士多來往、多交流、不斷累積共識，並當場喊話中國正在規劃一系列的全面深化改革，為外國企業提供商機。習近平的言論預示著，雖然美、中之間有劍拔弩張的一面，但兩國不可能真的走向脫鉤。只是，美、中、俄之間，又不可能建造成類似美國與歐洲的暖和平，所以邁可・多伊爾用冷和平來形容這種關係，大家沒有意圖侵犯彼此的領土完整和政治獨立。

不管今天的國際局勢是美、中必有一戰的悲劇，亦或是互相保持一定克制的冷和平，僅僅是對抗程度與方式的差異而已，美、中兩國仍然存在互不退讓的結構性問題，所以有類似晶片戰爭的競爭現象，依舊離不開美、中對抗的局。

(二)冷和平的兩大變數

第一個變數：川普。川普在二〇二五年再度入主白宮。川普的外交，會讓美國重回孤立主義。中國也會趁著美國空出的缺位，順勢替補，從而動搖美、中對抗的基本框架。一些美國的科技領袖形容川普的作風是破壞式的創新，此類創新會觸發一種難以預測的新秩序。

第二個變數：中國地方政府債務沉重。知名避險基金橋水聯合公司（Bridgewater Associates LP）創始人達里歐（Raymond Thomas Dalio）認為，中國將面臨一場百年一遇的大風暴，唯有著手減輕債務負擔，尤其是地方債務，否則中國將會經歷一九九〇年代日本經濟停滯的失落十年。所以，負債纍纍的中國，短期內想要超越美國乃是不切實際的想像。

大國的棋盤不只國際政治，國際經濟也是一個棋盤。兩個棋盤的主角與敵我關係都可能不同。

有的時候經濟是跟著政治走，比如美國在印太戰略的大架構下，也拉著菲律賓一起對抗中國。要拉菲律賓上船，當然經濟得跟著走，所以美、日宣布要投資菲律賓的呂宋經濟走廊，這就是經濟跟著政治走。

東南亞之所以搶手，是因為美國的印太戰略、中國的一帶一路、台灣的新南向政策、韓國的新南方政策、日本的湄公河流域開發計畫、印度的東進政策，都在都南亞交會。地緣政治的布局，帶來地緣經濟的新氣象。

可是政治與經濟相互牽引的同時，有時也相互衝突。美國總統拜登二〇二五年一月否決了日鐵購併美鋼就是一個很好的例子。在軍事同盟上，美國必須加強和日本的關係，可是就日鐵購併美鋼這個案子上，美國又基於安全考量（包括美鋼工人的工作保障），否決了這筆交易。日本人很生氣，首相石破茂表示，這將重挫日本企業投資美國的意願，但也正可以看出政治與經濟未必同調。

東北亞的政治結構也是很好的觀察點。東北亞有兩個三角：美、日、韓的同盟關係是一個三角，重點是安全合作與地緣政治；中、日、韓三國的峰會則又是一個三角，重點是經濟合作與地緣經濟。美、日、韓的戰略三角在防北韓也防中國；中、日、韓的經濟三角則在加強區域合作。兩個不同棋盤，兩個三角關係，看似衝突，卻有避險與穩定情勢的作用。

所以，第一個框架，大局，我們看政治也看經濟。看棋盤上有哪些大國在互動，也注意相關小國如何受到大國的影響。

第二個框架，趨勢

在這個框架裡面，我們介紹了錢的流動、貨物的流動、人的流動、武器的流動，以及科技發展的趨勢。

(一)金錢流動的趨勢

勢要看國際資金的流動，經過美中貿易戰及新冠疫情，大量資金從中國流出來。供應鏈斷裂之後，大批資金流到東南亞、印度、非洲和美國，這些金流的變動，會帶動全球政治經濟角力的方向。

錢跟著政治走，錢也跟著年齡走。沒有一個企業會前往一個年老的國家投資。如果這個國家人口太老，跑不動、跳不動，工資與津貼又高，外國投資怎麼會來？法國就是這樣，人口太老，工資太高，外資不來，所以經濟一直起不來。因此法國政府才會想修改退休的規定，延後退休的時間，不然政府根本沒有辦法一次付出那麼多退休金。但是因為法國退休的待遇太好，要人們延後退休，或修改退休待遇，馬上會引起反彈，所以就變成一個燙手山芋，哪個政府提出來，哪個政府就可能垮台。

東南亞剛好相反，人口年輕，中產階級蓬勃發展，所以資金才會不斷流入。資金流入的地方就有商機，這也是為什麼我們要跟著錢走的原因。

(二) 科技發展的趨勢

我們希望大家觀察的是科技的趨勢，但不一定是哪一種科技。現階段當然是人工智慧、半導體，但以後未必。所以哪一個科技不重要，要觀察的是當時最重要、最前沿的科技發展趨勢。

為什麼觀察這個趨勢很重要？因為它可以讓我們預測，哪一個國家在這波競賽中會勝出，以及這個科技如何影響這個國家在國際的影響力。

新冠疫情的時候，各國比賽誰最快製造出疫苗、誰的疫苗最有效，就是一個例子。疫苗競賽的勝出者，除了可因此掌握商機不說，還可以增加國家威望，更可以讓本國經濟快速復甦，在競爭中取得先機。

(三) 其他的流動與趨勢

除了錢的流動與科技發展的趨勢之外，還可以看人的流動。比如，中東的難民都從哪裡來？往哪一國去？美、中交惡後，中國的留學生都到了哪一國？南越敗給北越之後，原來南越那些華人不想被北越統治的，都跑到哪裡了？

貨物的流動，例如美、中貿易戰後，中、越之間的貿易量增加了，越、美之間的貿易量也增加了，很明顯，中國商品還是賣到美國，只是到越南轉一手貼個牌而已。這就是貨物的流動，後面也反應出很多國際政治現實的操作。

武器的流動也可以看。哪裡有衝突，武器就往哪裡去。

人、錢、貨物、武器的流動與科技發展的趨勢，不論在哪個時代，都可以是觀察的面向，也是我們觀察國際事務的重要框架。

第三個框架，外交工具

(一) 戰爭還是最常見的工具

早年很多學者和分析家認為，冷戰結束將迎來世界和平，結果恰恰相反，阿富汗戰爭、伊拉克戰爭、俄烏戰爭、以哈戰爭，以及世界各地大大小小的軍事衝突，讓我們察覺到，世界其實並沒有比以前更和平。尤其是，強權還是頻繁使用戰爭作為達到外交目標的重要工具。

當代應用軍事工具的情形，可以從三個方向進行觀察：

第一，無人機的應用。無人機成本低，對敵人製造的損傷、困擾和消耗，卻不遜於傳統的常規軍備，特別是對經濟水平偏弱的國家很有利，戰爭成本的估算大大降低。另一個延伸出來的是網路，無人機要派上用場得看網路是否能支援，進而涉及到資訊安全的疑慮。

第二，安全觀念改變。當今的國際演習不僅限於軍事動機，一般還會擴及救災、救難和反恐。因此皆廣邀各國聯合參與演習，新的安全觀念會將以往的衝突關係促成為合作關係。

第三，太空競賽。美國、中國、俄羅斯、印度等大國，捲入太空技術及設備的競爭，各大國軍事部門陸續新設太空指揮部，航太成為當前國際政治競爭的新場域。

(二)經濟工具的漣漪效應

一個國家對另一個國家進行經濟制裁，會產生對外擴散的漣漪效應，波及其他國家的經濟。俄烏戰爭以後，西方對俄國進行經濟制裁，觸動全球能源地圖的重劃和糧食供應的問題，仰賴俄羅斯天然氣和烏克蘭糧食作物的國家，必定會受到極大衝擊。

(三) 深偽和網軍

深偽技術讓國際之間的宣傳戰打得更加白熱化，更頭痛的是，各國都想透過網軍影響另一國的民意，進而左右選舉結果。每個國家都想要利用深偽和網軍介選，都意圖影響他國政局。這是以前國際政治無法預見的情況。

第四個框架，決策過程

在民主國家，決策要看立法跟行政部門之間的互動，以及行政部門內部不同勢力的較勁。在威權國家，我們更要看派系勢力的平衡。我們可以將這兩個觀察尺度，套用到分析川普和習近平的決策。

第五個框架，戰爭與和平

俄烏戰爭和以哈戰爭什麼時候會結束？戰後會出現什麼樣的重建商機？這是我們需要注意的。然而，也不要忘記伊拉克戰爭的教訓，海珊下台，緊跟其後的是教派之亂，原本戰爭告一段落的伊拉克充滿商機，卻因國內頻頻紛擾，而讓外國各大企業從爭相入駐到爭相退場。所以，停戰後的商機得非常小心、謹慎。

第六個框架，軼聞故事

對國際政治興趣缺缺的讀者，可以從聽故事、讀故事和看故事的方法，拼湊國際政治圖像，掌握國際動情勢的脈絡。我們可以用很輕鬆、娛樂和自在的方式，去探索國際政治。

第七個框架，整合思考

首先，採用時間和空間的座標了解國際關係的體系，還有刺激想像能力的超連結，建立一個有系統和有組織的政治思考。

02 國際觀的培養

無論如何，了解國際政治跟學習其他知識一樣，需要先對這門知識有興趣，然後再慢慢培養，逐步累積，築起有系統、有組織的觀察體系，最後再去彌補不足之處。

大前研一說，國際觀就是「知道世界發生什麼，並且對這些事情有觀點的能力。」我很同意他的說法。有觀點，就是我們常聽人說的「有角度，有態度」。有角度、有態度的基礎，就是知識。

本書介紹給你的這七個框架，能幫助你整理、建構自己的國際知識。讓國際觀變成我們的基因，像呼吸一樣自然，不擇地皆可出也。讓我們在這國際化的多元世界，可以活得更自在，也更快樂。

Horizon 視野 015

劉必榮教你國際觀：七大框架看世界

作者	劉必榮

明白文化事業有限公司

社長暨總編輯	林奇伯
責任編輯	楊鎮魁
文字編輯	張雅惠、馮振豪
文稿校對	張雅惠、楊鎮魁
封面設計	Atelier Design Ours
內文排版	大光華印務部

出版	明白文化事業有限公司 地址：231 新北市新店區民權路 108-3 號 6 樓 電話：02-2218-1417　傳真：02- 8667-2166
發行	遠足文化事業股份有限公司（讀書共和國出版集團） 地址：231 新北市新店區民權路 108-2 號 9 樓 郵撥帳號：19504465 遠足文化事業股份有限公司 電話：02-2218-1417 讀書共和國客服信箱：service@bookrep.com.tw 讀書共和國網路書店：https://www.bookrep.com.tw 團體訂購請洽業務部：02-2218-1417 分機 1124
法律顧問	華洋法律事務所 蘇文生律師
印製	中原造像股份有限公司
出版日期	2025 年 5 月初版
定價	480 元
ISBN	978-626-99329-7-9（平裝） 9786269932986（EPUB）
書號	3JHR0015

國家圖書館出版品預行編目 (CIP) 資料

劉必榮教你國際觀：七大框架看世界 / 劉必榮著 .
-- 初版 . -- 新北市 : 明白文化事業有限公司出版 :
遠足文化事業股份有限公司發行 , 2025.05
面 ; 公分 . -- (Horizon 視野 ; 15)
ISBN 978-626-99329-7-9(平裝)

1.CST: 國際關係 2.CST: 國際政治 3.CST: 國際經濟

578　114002018